中公新書
ラクレ
343

杉浦一機

エアライン敗戦

格安航空来襲とＪＡＬ破綻

中央公論新社

はじめに

世の中100円ショップの登場で、随分変わった。価格はたかだか100円だが、品質がそこそこなばかりか、デザインにも工夫がされているものもあって、結構使える。最近では何と腕時計まである。昔、駄菓子屋で腕時計の形をした紙のおもちゃを売っていたが、100円ショップのはおもちゃではなく、本物の時計だ。

さすがに100円の航空券はないだろうと思っていたら、2009年12月に大阪・心斎橋のイベントスペースで、オーストラリア往復100円のチケットが実際に販売された。オーストラリアのエアラインが運休していた関空（関西国際空港）―ケアンズ線を10年4月に再開するのを宣伝するためで、販売時間は8時間、1000席の限定のチケットに、購入希望者が殺到した。

海外ではこのような販売合戦は、マス広告を使って大規模に行われる。04年にはシンガポールの格安社タイガー航空が就航キャンペーンとして、バンコク、プーケット、ハジャイとの間の路線で65円運賃を打ち出した。

シンガポール─バンコク間は1442キロで、その距離は名古屋─沖縄間に相当する。通常は往復300シンガポールドル（当時の為替レートで約1万9500円）だが、インパクトを出すために、1シンガポールドル（同約65円）にして売り出したのである。さすがに反響は大きく、1700の座席は2日で完売した。

すると、運賃値下げ競争はさらに拡大した。同地区で飛んでいるライバル社が、何とその半額で対抗したのだ。01年に格安運賃を始めたマレーシアのエアアジアが、メンツをつぶされたと、シンガポール─バンコク間を0・49シンガポールドル（同約32円）にして、ただちに広告を打った。こちらは5000席を用意したが、まさに飛ぶような売れ行きで、3日間で完売したという。

ところが、欧州では「タダ運賃」まで飛び出しているというから、さらに驚きだ。06年にアイルランドのライアンエアが、「400万席をタダで提供」とのテレビ広告を実施した（もっとも実際には、運賃はタダでも、大半の空港ではチェックインの手数料と、空港税を払わなくてはならず、旅客が2600～4800円を負担しなければならない）。

集客に困ったために投げ売りしたのかと想像したのだが、同社の業績は絶好調で、老舗《しにせ》のブリティッシュ・エアウェイズ（ＢＡ）よりも多い利益を上げているという。

格安社と老舗の逆転を象徴するエピソードとしてはこんな話がある。02年にＢＡが経営不振に陥った折に、経営陣は子会社の格安社ゴー・フライを売却して、売却利益を財務改善に充てたが、一部の株主からは「収益力の大きいゴー・フライを残して、むしろ赤字続きのＢＡ本体を売却すればよかったのに……」という皮肉が聞かれたというのだ。

海外では運賃が安いエアラインが元気な一方、運賃が高い日本のエアラインは危機的状況が続いている。そして、ついにＪＡＬ（日本航空）が経営破綻した。

ＪＡＬは世間の関心を集める中、２０１０年1月19日に会社更生法の適用を申請した。政府はただちに全面支援と運転資金を保証し、企業再生支援機構が再生支援を受諾したが、問題は再建策だ。

規制を撤廃する「航空自由化」は70年代末の米国で始まり、徐々に世界に広まった。自由競争に突入した航空業界は、生き残るためにコスト削減を行ったが、歴史のある老舗キャリア（航空会社）ではさまざまなしがらみもあって、リストラは簡単に進まなかった。やがて、低コストで運航できるビジネスモデルを構築したキャリアが人気を集めるようになり、自由化時代に対応できないキャリアは、市場から消えていった。

日本は自由化を先送りし続けたため、航空業界では本格的なリストラが長い間行われなかった。高コスト体質になってしまったＪＡＬは、運賃値下げ競争でボディブローを入れられ、08年に起きた金融危機でとどめを刺されたかたちだ。

近年のＪＡＬは、運航コストが高く、格安エアライン経営のノウハウもないことから、格安市場への参入を諦め、プレミアム（高質で高価格）市場に全力を傾注していた。国内線にファーストクラスを導入したり、エコノミーとビジネスの中間のプレミアムエコノミークラスを導入したりするなど、客単価を上げることで経営の拡大を図ったのである。しかし、金融危機をきっかけにした今回の不況は、消費マインドを冷やし、プレミアム市場を直撃した。

乗客の価格に対する要求は非常に厳しくなり、バブルのころにはファーストやビジネスなど上級クラスから埋まっていたプレミアムシートには空席が目立つようになった。ファッション業界で、低価格ながらコストパフォーマンスに優れたユニクロ製品が人気を集めているように、旅行業界でもＨＩＳの格安航空券や、低価格が売りのトラピックス（阪急交通社）のパッケージツアーが集客に成功している。

ＪＡＬの再建策を見ると、一転して、増収策の重要な柱のひとつに「格安航空」への取り組みが挙げられている。これまで低価格市場への対応のために保持してきたジャルウェイズ（国際線）やジャルエクスプレス（国内線）のレベルでは、今後日本市場への攻勢が強まりそうな海外の格安キャリアや、ＡＮＡ（全日本空輸）が計画している格安社に対抗できないと分析、新たな格安社を設立する方針を盛り込んだ。

国際線では他社との合弁や既存社への資本参加、国内線では地方自治体や国内他社との合弁・提携による新規社の立ち上げを計画しているが、実現性ははなはだ疑問だ。

格安社といえば、１９７８年までは旅客機を３機しか持たないテキサスのローカル航空にすぎなかったサウスウエスト航空が、今日では旅客数でアメリカン航空やユナイテッド航空と肩を並べ、85年の自由化以前は15人乗りの飛行機１機しか持たなかったアイルランドの片田舎のエアライン、ライアンエアがいまや欧州最大の格安社となり、ＪＡＬ並みの旅客数を誇る。一方のＪＡＬは、87年の民営化によって活力を取り戻すどころか、凋落の一途である。

この違いはどこにあるのだろうか。本書では、格安エアラインの歴史、ビジネスモデルの開発の経緯、成功の秘訣を探った。

さらに広く世界に目を向ければ、航空自由化、アライアンス（航空連合）、空港民営化などによって激しく変わりつつあるエアラインの姿がある。日本も、運賃政策の変更、オープンスカイ政策の導入、空港政策の変更などで、大きく揺れている。
長年日本の空のボトルネックになっていた成田空港と羽田空港の拡張工事が２０１０年に完成し、航空業界の巻き返し、飛躍のための環境も整う。激動期を迎えている世界の空を見渡し、将来の日本の航空のあるべき姿を考えてみたい。

平成22年2月

著者

目次

第2章　大手の失速と新規参入組の台頭

第３章 格安航空会社のビジネスモデル

第4章 日本の空はどうなる？

写真／特記以外は著者提供
編集担当／木佐貫治彦
本文ＤＴＰ／今井明子

エアライン敗戦

格安航空来襲とＪＡＬ破綻

第1章

塗り替えられた航空業界地図

「スターアライアンス」に加わっているエアラインのロゴマークが描かれたANAの特別塗装機（©読売新聞社）

世界の空は、アライアンス（航空連合）の時代を迎えている。自由化で、エアライン間の競争が激しくなり、淘汰が進んだためだ。その流れを追うと、日本の航空行政がいかに後手を踏んでいるかに気づかされる。

誰でも乗れる運賃になる

業界を根底から変えた自由化

昨今では、運賃もリーズナブルなものが増え、旅行やビジネスにエアラインが気軽に利用できるようになった。世界の空を大きく変えたのは、ほかならぬ規制緩和による航空自由化の波だった。

欧米では、1970年代後半から航空業界で規制緩和の動きが活発化した。実際に、最初に規制緩和を始めたのは米国だった。

米国は、70年代に入って停滞していた経済を規制緩和で活性化させ、行政の効率化と官僚組織の縮小によって財政を健全化させることを目指した。したがって、運輸分野の規制緩和は航空に限定されたものではなく、自動車輸送や鉄道輸送を含む、輸送部門全般にわたっていた。

航空に話を絞ると、以前は米国でも、運航地域、新路線の開設、増便などの輸送権はすべて認可制だった。エアラインの事業領域は78年までは、①国際航空（パン・アメリカン航空〔パンナム〕とTWA〔トランスワールド航空〕の2社）②南北アメリカ大陸内の主要路線を運航するメジャー（アメリカン、ユナイテッド、TWA、デルタ、イースタン、ウエスタン、ナショナル、コンチネンタル、ブラニフ、ノースウエストの10社）、③地域内の路線を運航するリージョナル航空、④州内および隣接州との輸送を行うローカル航空、に厳格に分けられていたのである。

規制緩和は、航空事業を40年間にわたって監督してきた民間航空委員会（CAB）の廃止を含めて、三段階で進められた。第一段階は新路線の許認可権の廃止（82年）。第二段階が航空運賃、企業の合併・買収に対する規制権の廃止（83年）。第三段階では国際協定を含む全権限をなくすとともにCABを廃止（85年）した。

安全にかかわる規制は堅持したものの、輸送権に関する経済的規制は全面的に廃止した。規制の「緩和」どころか「撤廃」（完全自由化）だった。そのため、エアラインの市場は全くの自由競争になり活性化し、国内線の乗客は2億6700万人から4億5500万人へと70％も増加、運賃割引による利用者の節約額は75億ドルに達したと算出されている。

既存社は、食うか食われるかのサバイバル競争の中で合併吸収を繰り返し、また廃業するところも出てきて、その数は大幅に減少した。メジャーの中でも、ナショナル、ウエスタンが姿を消した。

一方、新規参入は、手続き上の要件を満たしていれば、自動的に認可されたので、次々に新しい会社が参入したが、ほとんどが市場にとどまることができず、去っていった。

規制緩和以前の米国には定期航空会社が36社存在していた。そこに10年間で新たに233社が参入したのだが、88年までに196社が消滅し、全体で73社となった。それでも競争はさらに激しくなり、89年にはブラニフ、90年にはコンチネンタル（いずれも2度目の経営破綻）、91年にはイースタンとパンナムが倒産した。

その結果、自由化の始まった78年に81％だったメジャーのシェアは、91年には8社95％までに高まり（P・S・デンプシー、A・R・ゲーツ著『規制緩和の神話』日本評論社）、少数社による寡占化《かせんか》が懸念された。

生き残ったメジャーは、経営資源を収益性のよい路線に集中させ、収益性の低い路線は整理を行った。拠点（ハブ）空港に乗客を集め、効率のよい長距離路線の比重を高めて、イージーな方法で収益を上げようとしたのである。確かに、当初はメジャーの戦略は功を奏した。競争相手が少なくなり、残ったメジャーは「わが世の春」を満喫するかに見えたのだ。

ところが、その後に展開されたのは、全く異なるシナリオだった。新たなビジネスモデルを持って、再び新規社が参入、攻勢をかけてきたのである。格安航空会社（ローコストキャリア＝ＬＣＣ）の挑戦は、メジャーの間隙《かんげき》を衝くかたちで、短距離路線から始まった。

ＬＣＣはサービスを思い切ってカットし、バス並みの安い運賃で旅客を運び始めた。80年にはわずか３％にすぎなかったシェアは、２０００年に20％を超え、03年には33％にまで拡大した。メジャーは既存の競合相手と戦わねばならないだけでなく、ＬＣＣにも追い上げられるようになったのである。

ＥＵで実現した「ひとつの空」

自由化の実践は米国に先を越されたが、検討を始めたのは英国のほうが早かった。

１９６９年に出された民間航空輸送審議会の報告書では「民間航空は、世界で最高水準の安全性と両立する最低の価格により、個々の顧客の需要を満たすものでなければならない」

と、航空サービス免許、価格政策と料金規制、航空輸送と地域開発、航空安全など多方面にわたる勧告を行うとともに、「運輸省が直接規制をするのではなく、民間航空庁（CAA）をつくって航空輸送の経済的規制や空港計画を担当させることが望ましい」としていた。

供給側の論理で運用されていた航空政策を、利用者重視に転換すべきとの認識が高まり、規制緩和の方向性を打ち出したのである。

79年に政権の座についたサッチャー首相は規制緩和に積極的だった。そして、「民間活力の導入による経済の活性化」政策を掲げ、CAAを設立するとともに、航空政策の見直しを指示した。

84年にCAAが提出した最終報告書の最大のテーマは「消費者利益の保護のために航空輸送のあらゆる分野へ公正な競争関係を導入すること」だった。報告書の冒頭には、「航空業界は第二次大戦以降目覚ましく成長してきたが、この業界のエネルギーを政府の行動によって解き放つことが必要。政府は今後規制体制から離れ、エアラインが利用者の注目を引きつけるために競争する社会に、できるだけ近づくように行動してゆく」と記されていた。政府は報告書の提言に沿って、「原則、規制無し」の自由化政策を積極的に進めた。こうした英国の航空自由化の概念はEU（ヨーロッパ連合）に引き継がれ、自由化に熱心なオランダとともに、その流れをリードすることとなった。

ＥＵにおける規制緩和は、市場と同様に「ひとつの空」の実現を目標に、88年から10年間かけて、三段階で進められた。97年４月にはついに全面自由化が実現、いずれの国のエアラインも、自社の設定する運賃で、どこにでも自由に輸送ができるようになった。

具体的変化としては、それまでは国単位で縛られていた輸送権がＥＵ全域に開放されたことが挙げられる。英国のエアラインがパリ―ローマ間の乗客を運ぶことも、ドイツのエアラインがマドリード―コペンハーゲン間に定期便を飛ばすこともできるようになったのである。

自由化で利用者本位になる

航空自由化で最も重要なのは、航空輸送における論理と価値観が、利用者本位に転換したことだ。

残念ながら、航空の歴史は軍事が中心になって発展してきた。航空の発達と普及には古くから多くの課題が存在したが、それらの課題を乗り越えるために投入されたのが軍事資金だった。より速く、より高く飛び、より大きな機体をつくるには、高価な素材や技術を使う必要がある。その点、軍事には採算性を問われない環境がある。

やがて、技術が確立し、製造コストが安くなると、新素材や新技術は民間航空にも応用された。軽くて丈夫な素材のジュラルミン然《しか》り、2倍の飛行速度を可能にしたジェットエンジン然りだ。

各国の政府が民間エアラインに注力したのは、非常時に「第2空軍」としてその輸送力を使えるからだった。非常時のためだけに大きな輸送力を維持するのはコストもかさむので難しいが、平時は民間航空として活動し、非常時に転用するようにすれば維持費も少なくて済む。実際、米国には今でもエアラインを対象にした「CRAF（民間予備航空隊）制度」があり、非常時には大統領命令によって輸送力をただちに国に提供することになっている。

そのためこれまでは、供給者（エアライン）の経営が成り立つように運賃が決められ、過当競争に陥らないように、国が規制によって供給量を調整してきたのである。

しかし、80年代後半に起きた世界の冷戦構造の崩壊は、軍事航空と民間航空の関係をも一変させた。戦争の可能性が遠のいたことにより、高いコストのかかる軍事力を削減し、予算を民間経済の活性化に振り向けることが求められ、「第2空軍」の必要性も薄れてきた。民間航空は純粋に産業としての位置づけの中で検証されることになったのである。

一方で、市場の成熟度の高まりとともに、消費者（利用者）中心主義の価値観が台頭してきた。製造側の都合よりも、需要の動向で商品の内容・価格が決められる時代になってきたのだ。航空の規制緩和、自由化の動きは、まさにそうした時代の変化と軌を一にしている。自由化により、エアラインはこれまでのように監督官庁の顔色を窺いながら経営を行うのではなく、市場すなわち利用者の動向を見極めながら戦略を検討し、商品サービス・価格・供給量を決定するようになった。

世界にも自由化を求めた米国

航空自由化を実現した米国は、他国に対しても自由化を、真剣に求め始めた。もともと米国は第二次大戦直後から、各国のエアラインが世界の空を飛び回り、自由に旅客や貨物を運べる体制を保証する「オープンスカイ政策」を主張していた。それは、第二次大戦用に生産した大量の輸送機を民間に払い下げたため、エアラインは有り余るほどの機材を抱え、海外市場の拡大を求めていたからだ。

しかし、戦場になった欧州やアジアの国々は、民間輸送の態勢が整わないため、オープンスカイではなく二国間の協定による「秩序ある成長」を望んだ。自国の輸送力の整備状況に合わせて、相手の乗り入れを徐々に拡大する政策である。

二国間の航空輸送は当時国の認可を前提とした協定で、内容が細かく規定され、運賃は英国の主導のもと、全会一致が原則の国際航空運送協会（ＩＡＴＡ）で決められていた。ＩＡＴＡは世界の主要エアラインによって構成されており、ここで決定される運賃は、最も高い水準に落ち着くことになった。

ＩＡＴＡの理念は、利用者の立場に立ったものではなく、供給者（エアライン）の論理・立場に立っている。そのため、米国は設立当初からＩＡＴＡを「国際カルテル」と批判してきたが、ＩＡＴＡ体制を支持する圧倒的な数の国々の前に、黙認せざるを得なかった。もし当時、他国が米国の主張をそのまま認めていたならば、世界の空は格段に強い航空輸送力を保有していた米国に征服されていただろう。

ちなみに、戦後に結ばれた日米航空協定は完全な「不平等条約」で、米国キャリアは日本および日本以遠への輸送がほとんど自由なのに対し、日本企業の輸送権は著しく制限されていた。その後、半世紀の間に協定は何度も改定され、日本企業への制限は徐々に減ってきているものの、枠組みでの差は歴然としていた。

やがて世界経済の発展によって、民間航空を取り巻く環境は一変した。世界の主要国にフラッグキャリア（国を代表するエアライン）が十分なまでに育ち、消費者重視の考えも強ま

パンナムのB707（羽田空港にて）

ってきた。競争の制限よりも、自由競争が望まれる時代になったのである。

この変化を察知した米国は、90年代前半から「消費者主義」を謳って、高らかに「オープンスカイ」を唱え始めた。

背景には自国の事情も大きく影響していた。国際線市場では敗戦国のドイツ、日本、イタリアなどのキャリアや、新興国のエアラインの活躍が目覚ましく、米国企業の地位は低下する一方だったのだ。

米国のキャリアは国内競争で疲弊し、国際市場での競争力も低下していた。70年代まで「民間航空の雄」と呼ばれ、世界を股にかけて活躍していたパンナムとＴＷＡでさえ、自由化によって国際線市場に参入したアメリカンやユナイテッドに追い詰められ、青息吐息の状態にあった。

そこで米国がとった戦略は、「ドミノ理論」に基づくしたたかなものだった。ある地域の中から説得に応じやすい国を選んで、まずその国を攻略し、しだいに周辺国を味方に引き込みながら本丸の国を攻め落とす。そして最終的に地域全体を「オープンスカイ」にするという戦略である。

したたかな欧州諸国

欧州では、ＩＡＴＡを使って「秩序ある成長」を行ってきた英国と、米国の支配を嫌うフランスが本丸で、突破口として狙われたのはオランダだった。

オランダは国土が狭いために二国間交渉では、米国から大きな権益を引き出すことはできないが、資源が乏しく、通商で外貨を稼ぎたいこともあって、米国への乗り入れ権の拡大を熱望していた。米国への輸送が拡大し、安い運賃を自由に設定することができれば、周辺国の需要が雪崩込んでくることは確実で、しかもオランダは小国であるために国内市場がほとんど存在せず、失うものはほとんどなかった。

一方、米国から見れば、オランダとの協定で得るものは少なくとも、欧州全体を見据えた

「ドミノ理論」の橋頭堡《きょうとうほ》と考えれば価値は十二分にあった。また、オランダの航空力であれば、米国の市場を乱すほどの規模にならないことは明らかだった。米国とオランダは92年に「オープンスカイ」協定を締結し、両国のエアラインは両国間及び、両国以遠の路線を自由に飛べるようになった。

続いて、米国は95年にはオーストリア、スイス、ベルギー、ルクセンブルク、アイスランド、デンマーク、ノルウェー、スウェーデン、フィンランドの９ヵ国と、96年にはドイツと協定を締結し、欧州市場の40％を開放させることに成功した。ドイツは大西洋線の旅客をオランダのキャリアに横取りされることに危機感を持ったが、締結後はフランスなどの需要を獲得できるようになった。

周辺国が次々と〝陥落〟する事態に、英国とフランスは危機感を強め、ＥＵ加盟国に「米国との航空権益の交渉権は国ごとではなくＥＵに帰属するので、交渉を控えるよう」自制を求めたが、格段に大きくなる権益の魅力に惑わされた各国は従わなかった。

欧州で成果を挙げた米国は、「ドミノ理論」を全世界に広げ、いまや90ヵ国以上と協定を締結し、「オープンスカイ政策」は21世紀における世界の潮流になりつつある。ちなみに、アジアでの橋頭堡となったのはシンガポール（97年）で、韓国も98年に締結している。しかし日本は米国の「オープンスカイ政策」の導入に、強硬に反対してきた。

ところで、ＥＵは米国と10年にわたって協議を重ねる中で、ついに新たな権益を引き出すことに成功した。

英国は、米国との協議の席で、「ＥＵをひとつの国として認め」、全体として交渉するよう主張した。「ＥＵはひとつの国なので、どこの都市からでも米国の都市に自由に乗り入れる権利をよこせ」「米国はＥＵ内（例えばロンドン―ローマ間）の輸送権を行使しているが、これは国内線に相当する。したがって、米国は欧州企業が米国内の路線に就航する権益を認めよ」という論理だ。個別に交渉しても米国には歯が立たないので、ＥＵ25ヵ国分を合算して権益を要求したもので、「非常識な主張」だった。

米国はただちに反論した。「ＥＵはひとつの国」と主張するが、「国連などでは個別の国としての権利を行使しており、時と場合で使い分けるのは不当である」「米国内線は国内市場であり、外国企業には開放しない」として拒否したのである。議論は断続的に行われたが、主張は平行線のままで約10年間が経過した。

しかし、大市場である欧州を自由に飛べる権利は米国にとっても大きな魅力であることから、結局はＥＵを国家並みの組織と認め、交渉は08年に大筋でまとまり、09年から合意部分は実施に移された。残された主な課題は、米国国内線の開放と、米国の外資規制の緩和（外国の持つ、エアラインの資本の保有比率を引き上げる）だ。

対米交渉で新たな概念を認めさせたＥＵは、これから他の国との交渉でも同様な姿勢で臨むことは明白だ。日本も単独でＥＵ全体を相手に交渉したのでは不利になることから、中国や韓国などと連帯する必要が出てくると思われる。ちなみにアジアでは、シンガポール、マレーシア、タイなどのＡＳＥＡＮ諸国が域内での自由化をすでに進めている。

日本もようやく自由化に

国内は自由化した日本

航空自由化の要件は、「新規参入」「需給調整の撤廃」「運賃の自由化」が３本柱だが、日本は米国から20年以上遅れて、ようやく２０００年に国内航空の自由化を行った。

しかし、日本での自由化は、十分な検討を踏まえた理念に基づくものではなかった。行政改革の流れの中で、運輸省（当時）の持つ許認可権の多さが批判の的になり、運輸省が名誉挽回の目玉に据えたのが、航空自由化だったのである。そのため、「理念なき自由化」は今日まで迷走を続けることになる。

まず98年には、需要に合わせながら供給（路線の開設や増・減便）をコントロールする「需給調整」が撤廃され、スカイマークと北海道国際航空（エア・ドゥ）が35年ぶりに、新たなエアラインとして認められた。「運賃の自由化」は数年かけて段階的に進められ、２０００年４月に完全に自由化された。

だが、日本の場合は空のネットワークの要になっている首都圏空港の容量が慢性的に不足し、新たな発着枠の確保が難しいことから、事実上自由競争になっていない。２０１０年に成田の「完全空港化」（B滑走路の延長と誘導路の増設）と羽田の「再拡張」（滑走路の増設）で発着枠が大幅に増えるので、競争が進むものと期待されている。

ところで、航空自由化は市場に「光」と「陰」を生む。需要の大きな市場では、供給が増えて競争が激しくなることから運賃は下がり、運航便数が増えるなど利便性は向上するが、需要の小さな市場では規制がなくなることで撤退する企業が増え、便数が減って、運賃は上昇するのだ。

日本でも、羽田―新千歳、羽田―福岡などの幹線は安い運賃が豊富に設定され、選択に困るほど多くの便が飛び交うようになった反面、地方空港間の路線は「陰」となって、便数が減ったり、廃止されたりするケースが増え、社会問題となっている。

国際線は首都圏以外を自由化

一方、国際線の自由化はさらに遅れている。欧米では、国際線も自由化し、利用者は自由化の「光」を享受できるようになったが、日本はまだ自由化に踏み切らない。

厳しい規制でエアラインを長年保護してきた日本市場はまるで温室のような状態で、日系企業のコストは青天井で上昇してしまっている。米国では20年前に、欧州では10年前に自由競争にさらされて、エアラインはコスト削減を進めたが、日本は高い運賃を維持し、リストラも遅れたままだ。その結果、日系大手の運航コストはアジア大手の2倍、世界で最も安いエアアジアの5倍にもなっている（183ページの図参照）。

しかし、温室のガラスは思わぬことで壊れ始めた。きっかけとなったのは、06年に安倍晋三政権の掲げた「アジアゲートウェイ（AGW）構想」だ。「AGW構想」は、日本の外交・国際政策を開放政策に転換し、日本がヒト、モノ、カネ、文化、情報の流れにおいて、アジアのゲートウェイになろうというもので、空港政策にも大胆な自由化を求めた。

国交省は当初すべてに否定的だったが、官邸サイドや社会から批判を浴びて、自由化に積極的な姿勢を見せなければならなくなった。そこで「名を捨てて実を取る」ことを選択し、２０１０年まで首都圏空港の自由化を見送る代わりに、その他の空港への乗り入れの制約をなくした。

具体的には、①発着枠が満杯の成田・羽田を除き、アジアの主要国と乗り入れ地点や便数の制限撤廃を進める、②航空自由化協定を韓国、タイと締結したが、２０１０年までに中国との枠組み合意を目指す、③羽田の深夜・早朝枠を使って欧米へのチャーター便を開設する、④羽田の再拡張が実現する２０１０年に向けて国際線の就航を各国と調整する、などとなっている。

目玉は首都圏以外の空港の自由化で、国際線の就航している23の地方空港を対象に、相手国との間でのルートの設定、増便、新規航空会社の乗り入れを原則自由化した（「アジア・オープンスカイ政策」）。

これまで日本が締結してきた二国間の航空協定では、就航企業数、就航キャリア、ルート、便数を厳しく制限してきたが、首都圏空港と日本からの以遠権を除き、相手国との間の輸送を自由化するなど、これまでの姿勢を１８０度転換したものだ。すでに、韓国、タイ、香港、マカオ、ベトナム、シンガポール、マレーシア、カナダと締結を終えている。

　そして、ついに09年末に米国と「オープンスカイ」で合意した。しかし、合意内容には、運賃の自由化を含めておらず、また、首都圏の空港発着枠（別の取り決め）の制限を少ししか緩和していないため、米国が他国と締結した内容とは雲泥《うんでい》の開きがある（これについては第４章で詳述する）。

運賃も自由化の方向に

　運賃に関しては、日本もようやく08年に政策を変更した。きっかけは、国際運賃の定価を支配してきたＩＡＴＡ運賃体制の崩壊が始まったことだった。

　これまで日本は一貫してＩＡＴＡ重視の姿勢を堅持してきた。自国のエアラインの運賃認可の前提とするだけでなく、二国間協定で乗り入れる企業にも、運賃の設定に当たって「両国政府の認可の取得」と「ＩＡＴＡ運賃の順守」を義務づけている。

　国内でも、公正取引委員会から数度にわたって「カルテルの疑い」を指摘されたが、国交省は頑として聞き入れなかった。その理由は、「複雑な世界の運賃を決めるＩＡＴＡ運賃がなくなると、国際運賃体系が崩壊して、利用者に不利益になる」というものだった。カルテルに対する認識が甘いばかりか、航空自由化時代に逆行した考えであったことは明白だ。

しかし、各国の航空力の充実と自由化の流れの中で、「規制」に対する考え方は大きく変化した。ＥＵでは80年代後半から独占に対する評価が厳しくなり、07年1月をもってＩＡＴＡの協定運賃を独占禁止法の適用除外から外す決定が06年になされた。ＩＡＴＡ運賃の廃止は段階的に行われ、日本を含むアジアとの路線でも07年10月に終了し、エアライン各社が決める「キャリア運賃」に移行した。これによって、ＩＡＴＡ運賃を後ろ盾にしてきた国交省の論理が根底から崩れた。

国交省は08年3月に、日本発着路線での正規割引運賃の下限をＩＡＴＡの正規割引運賃の30％に設定していた「30％ルール」をようやく廃止した。また、09年4月には、ビジネスクラスの正規割引運賃の下限をエコノミークラスの正規（Ｙ２）運賃とする内規を取り下げた。いずれも正規運賃の下落を防ぐために、日本が独自に決めたルールである。

これによって運賃面でも、エアラインの裁量が広がり、自由化へ大きく前進した。

ジャンボ機が急速に消えて行く

国内線にジャンボが飛ぶのは日本だけ

日本人に人気のあったジャンボジェット機は、最近では急速に減っている。ニューヨーク路線、ロンドン路線など国際線の檜舞台では、双発機のB777に主役の座を奪われ、今でも主に飛んでいるのは、国内の幹線と、ハワイ、ローマなどの国際観光路線やチャーター便くらいだ。

B747ジャンボ機が世界の空に登場したのは、海外旅行がまだ「高嶺の花」だった1970年だった。それまでのジェット旅客機がまるで子供のように見えるほどの巨体は、すぐに人々を魅了した。安定感のある飛行と機内の広い空間は、人々に安心感とくつろぎを与えた。狭い座席に閉じ込められていた空の旅から解放され、隣人に邪魔されることなく、食事、読書、音楽鑑賞、うたた寝と、思い思いの時間を楽しめるようになった。

そして、ジャンボ機が最も感謝されたのは、巨大な輸送力のもたらす運賃下落だった。そ

国内線には500人以上乗れるジャンボジェット機が就航

れまでのジェット旅客機の4倍にも相当する輸送力によって運航コストが大幅に下がったことに加え、チケットの売れ残りをさばくために、エアライン各社は運賃の引き下げを図ったり、安い団体チケットを販売したりし、非正規市場にも格安航空券が大量に流出した。その結果、海外旅行は一気に身近なものになった。もしも、ジャンボ機が登場していなければ、海外旅行の大衆化は相当遅れていたことだろう。

しかも、ジャンボ機の安全性は非常に高かった。就航から4年が経っても墜落事故がなかった。この間、38社が242機のジャンボ機を就航させ、総飛行距離は地球と月を300回往復するのに等しい23億キロ（飛行時間は245万時間）に達した。巨体は二重三重のフェイルセーフ設計で守られ、「安全神話」ができていた。「乗り心地がよく」「安全」なのだから、乗客に持てはやされるのは当たり前だった。乗客は迷わずにジャンボ機を指名した。

エアラインに対する貢献度も高かった。初期にはあまりの容量で席が埋まらず、巨体を持てあましていたが、運賃価格の破壊が観光需要を呼び起こし、広い客室も新たな乗客で埋まった。

中でもJALは、ジャンボ機のメリットを大いに享受した。日本は拠点空港の整備が遅れ、発着枠が限られていたので、一度に大量の乗客を運べる効率のよいジャンボ機は強い味方となった。バブル経済の絶頂期には、ニューヨーク線でビジネスクラスが不足し、JALはジャンボ1機をビジネス席だけで埋め尽くした「エグゼクティブ・エクスプレス」まで運航した。

日本のエアラインは国際線だけでなく、国内線にもジャンボを多用した。世界広しといえども、国内線にジャンボが飛び回る国は日本だけだ。そのため、ジャンボには日本向けの専用機種まで開発された。燃料タンクを小さくして旅客の搭載量を増やすとともに、多い着陸回数にも耐えられるよう、脚部が補強されている。JALは106機のジャンボを購入した世界最大のユーザーであり、ANAも45機を購入している。

海外旅行初期の日本人の行動パターンも、ジャンボには合っていた。群れることを好み、団体パックツアーが好きな観光客、東京や大阪の大空港に集中して出発するグループのビジネス客を運ぶには、ジャンボは打ってつけだった。

しかし、ジャンボが強い競争力を発揮できたのは、安い燃料があったからだ。最初の石油危機は1973年に起きたが、80年代までは原油価格は1バレル当たり10～20ドルにすぎず、格安チケットの旅客であっても、そこそこの搭乗率があれば収益は上がった。

「追い風」から「向かい風」に

ところが、時代の風向きは大きく変わった。90年代に入ると原油価格は1バレル当たり20～30ドル台になって「石油30ドル時代の到来」などといわれ、ジャンボ機の収益性に黄信号が灯った。そして2000年代に入ると、原油価格はさらなる上昇を続けた。発展途上国の消費の拡大と投機資金の流入によって相場は08年には147ドルまで上昇し、いまや「原油200ドル時代」がささやかれている。これによって、ジャンボ機を取り巻く環境は「追い風」から一転して「向かい風」に変わり、世界のエアラインは経済性のよい機種を望むようになった。

この間、ボーイングは経済性に優れた大型の双発機を開発していた。３５０席クラスのＢ７７７で、98年に就航している。Ｂ７７７は中型のＢ７６７（２５０席クラス）の姉妹機だが、これらはジャンボ機の後に欧州で就航したエアバスＡ３００の「経済性に優れた旅客機」の思想を受け継いで開発された機種だ。エンジンは半分の２つで済むうえに、燃費効率は格段に向上している。

もともとＢ７７７は、ジャンボとＢ７６７の隙間を埋めるために開発されたものだった。「ジャンボでは大きすぎる市場」で使用されるはずだったのだが、エアライン各社は中長距離路線でジャンボの代わりに使用した。Ｂ７７７の燃費はジャンボよりも２割も良いので、収容人数が１割少なくても、収益が出るからだ。

それでも、大陸間の路線は事情が違っていた。双発機の場合、安全性に関するルールが４発機のジャンボよりも厳しく、太平洋や大西洋の横断路線では使用に制限が課せられていたのである。

双発機には長らく「60分ルール」（米国連邦航空局など）が義務づけられていた。これは、空中におけるエンジンの停止を想定したもので、着陸可能な飛行場から60分以内のルートを通って飛行しなければならないというものだった。そのため、双発機は「島伝いに飛ぶルート」しか選べず、多発機（3発以上）の直行路線には所要時間で敵わなかったのだ。しかしこれも米国が運用ルールを大幅に緩和したことによって、状況が一変した。

1953年に制定された「60分ルール」は、85年に「120分」に緩和された。その効果はすぐに大西洋路線で表れた。B767を使った大陸間飛行が始まったのである。多発機よりも幾分北寄りのルートを飛行しなければならないが、ジャンボの6割の座席数なので、それまでエアラインが諦めていた中規模都市同士を結ぶ路線が多数開設された。

そして、ルールは95年に「180分」に拡大された。これによって、太平洋横断路線でも、B777はジャンボ同様の最短ルートを飛行できるようになり、一気に双発機に切り替わった。

余談だが、米国が「60分ルール」を急速に緩和したのは、エンジンの安全性が高まって、空中停止の可能性が極めて低くなったためと説明されているが、欧州は「米国が自国の飛行機の拡販を図るのが目的で、安全性の実証がなされていない」と非難している。確かに、180分への拡大は120分への拡大からわずか10年後のことで、B777への認可はまだ商業飛行の実績もない就航前に下りている。

ANAはアメリカ線をジャンボ機からB777へ置き換える「トリプル化計画」を08年に

完了した。ＪＡＬの試算によれば、欧米などへの長距離路線でジャンボ機からＢ７７７に換えると、収益は20億円も向上するという。

欧州線からトリプル化に着手したＪＡＬは、まだアメリカ線での置き換えの完了時期が見えていない。なぜ、ＪＡＬのトリプル化は進まないのか。それは、すべてをＢ７７７に置き換える資金が不足しているのに加え、ジャンボ機（帳簿上での資産価値を高く評価している）を処分するのに費用が発生し、資金が足りないためだ。

ダウンサイジング

世界の航空界はジャンボからＢ７７７へのダウンサイジング（機材の小型化）だけでなく、「小型機による多頻度運航」が主流になっているが、空港容量が不足し、大型機を多く購入してきた日本では、ダウンサイジングが遅れている。

小型機でも運航の頻度が高ければ、利用者は便利だ。１日に1便では日帰り旅ができず、スケジュール面で大きな足かせになるが、５００席のジャンボを１５０席の小型機に置き換えれば3便を運航できる。欧米では50席のリージョナル機に置き換えても１日３便を確保し、利便性を向上させ、旅客の拡大に努めている。

欧米でこのような傾向が定着した背景には、リージョナル機の性能が向上し、50―70席クラスでも150席の小型機並みの乗り心地で飛行できる機種が開発されたことがある。2010年には羽田と成田の拡張工事が完了し、発着枠が大幅に増えるので、日本もいよいよ「小型機による多頻度運航」へと方針を変えつつある。

ANAグループを例にとると、01年から09年の間に、ジャンボ機は37機から14機に（機数での比率では21・5％から6・6％に）大幅に減少させる一方で、200席以下の小型機は61機から94機に（比率では35・5％から44・1％に）増加させている。さらに重要なのは、省エネ機のシェアが12・8％から34・5％に拡大したことだ。

同様にJALグループでも、350席以上の大型機を減らして、100～200席未満の小型機を増やしている。国際線では06年度に20％にすぎなかった小型機の割合が10年度には50％に高まり、一機当たりの平均座席数も303席から259席に減る予定だ。また国内線でも、小型機は16％から44％に増え、平均座席数は191席から180席に縮小した。

これは、エアラインの販売戦略が、販売量の追求から利益重視へと変化したことを表している。座席数が減っても利益が出るように、運賃単価の高い（値引き率の低い）乗客を優先させようというものだ。

　このような傾向は国際線でも顕著で、ＪＡＬもＡＮＡも、ニューヨーク線、ロンドン線などのビジネス路線で、ジャンボからＢ777に置き換えるに当たって、機内レイアウトを個人客重視の仕様に変更している。エコノミークラスの座席を思い切って減らし、ビジネスクラスを拡充するとともに、中間クラスの「プレミアム・エコノミークラス」を新設したのである。海外のキャリアでは、シンガポール航空がシンガポール―ニューヨーク間のノンストップ便（所要時間約18時間）を就航させるに当たって、座席はビジネスとプレミアム・エコノミーの2クラス構成にした。ビジネス客は運賃の高い直行便に、観光客は運賃の安い経由便に誘導しようという戦略だ。

世界はアライアンスの時代

急激に増えたコードシェア便

　近年の国際線では、全く同じ時刻に、同じ目的地に飛び立つフライトが3～4便もあり、驚くことがある。

例えば、ユナイテッドのソウル行き891便は成田を18時00分に出発するが、同じ時刻にANAの7049便、アシアナ航空の6601便もソウルに向けて出発することになっている。何も時刻を合わせなくともいいではないか、といいたくなるが、実際に運航されるのはユナイテッド機だけだ。ANAとアシアナは座席を販売しているだけのコードシェア便なのである。

一方、国内線でも、アメリカンや大韓航空のフライトがあるので、外国キャリアに乗ってみようかなどと考えてしまうのだが、これも国内キャリアとのコードシェア便にすぎない。

コードシェア便とは便(コード)をシェア(分ける)するフライトで、エアラインが連合を組むアライアンス(航空連合。後述)活動の一環で増えている。共同運航(ジョイント・オペレーション)便とは異なる。本当の共同運航便は、両社から客室乗務員を出し合い、サービスの内容も持ち寄って、ひとつのフライトを運航する形態を指すのだが、便名(コード)を振るだけのコードシェア便を「共同運航便」と訳すメディアがあるために、わかりにくくなっている。

エアラインからすると、乗客の少ない路線をコードシェア便で代替することでコストを削減し、自社が運航していない地域でネットワークを補完できる。また、自社便のある地域でも、便数が増えれば競合他社との戦いが有利になる。

乗客にとっては、利用できる便が増えるほか、同じエアラインのチケットで利用できる範囲が広がるので利便性が増す。ちなみに、それぞれのアライアンスは各社のネットワークを乗り継いで世界一周ができる割安の「世界一周運賃」を販売している。上級クラスでは提携キャリアの地上ラウンジを利用できるのも魅力だ。そして、乗り継ぎもアライアンス内で行うケースが多くなったため、最近の空港ではターミナルをアライアンスごとに割り当てるケースが増えた。

しかし、チケットを購入する会社と運航会社が異なることで、期待しているサービスが受けられなかったり、チェックインするキャリアを間違えたりするなどの混乱も生じている。

有力会社はほとんど加盟

航空業界でアライアンス形成が活発化したのは1990年代だ。もともとエアラインは自国を中心にネットワークを張るが、自由化が進み、競争が激しくなると1社で戦うよりも他社とアライアンスを組むほうが有利になる。

東京—ロサンゼルス線を例にとれば、ピーク時には13社ものキャリアが競合していた。運

英国旗を尾翼に描いたブリティシュ・エアウェイズのB474

航機材が同じで、サービスに大差がなければ、運賃の価格競争が増すばかりだ。だが、他社とアライアンスを組んで便数が倍増したり、ロサンゼルスから先のチケットも販売できたりすれば、優位に立てる。

一番最初に計画されたグローバルなアライアンスは、スイス航空、シンガポール航空、それに米国のデルタ航空の3社によるもので、「他社のフライトに乗り継いでも、まるで同じエアラインに乗っているかのようなスムーズなサービス」と謳《うた》っていた。スイス、シンガポールは世界の中堅で、デルタは国際線のネットワークが限られていたことから、アライアンスで他のビッグキャリアに対抗しようとしたのである。しかし、「均質のサービス」を目指したので、提携分野は広範囲に及び、

ユナイテッド航空のB777

調整に手間取って交渉は進展しなかった。

　次に生まれたのがブリティシュ・エアウェイズ（ＢＡ）が仕掛けた、強者同士による連合だ。ＢＡは、各地域で起きている競合はやがて世界的規模での戦いになり、規模の大きいグローバルキャリア数社だけが生き延びられると予測した。そして、小さいキャリアを自分の陣営に囲い込む戦略ではなく、「勝ち組」同士がグローバル・アライアンス（「ワンワールド」）を組む構想を立て、いきなり米国の雄であるアメリカンと交渉に入った。

　驚いたのは米国のもうひとつの雄であるユナイテッド航空だ。単独であればＢＡに負けない自信はあるが、相手が連合軍になれば話は違う。早速、欧州のビッグキャリアであるルフトハンザ・ドイツ航空と交渉に入った。さらに、スカンジナビア航空、タイ国際航空、エア・カナダとも交渉を進めた。安全基準やコンピューター予約システムなどは共通化し、各社のサービスを利用し合うかたちで、「ワンワールド」よりも早く「スターアライアンス」を発足させた。「ワンワールド」に先を越されながら、「スターアライアンス」のほうが早く設立できたのは、米国の「オープンスカイ政策」と関連がある。

大方の国では、シェアの高い企業同士の提携は、独占禁止法に抵触する。独占禁止法は、それぞれの国が政策的に運用を決めているが、中でも米国は運用が厳しく、罰金は天文学的数字になるほど高いので、米国路線では米司法省の「独禁法の適用除外」の認定を受けなければ、共同マーケティング活動を行えなかった。ところが、米国は、「オープンスカイ政策」を受け入れている国には「独禁法の適用除外」を積極的に認める、という姿勢をとった。市場が完全に自由化されていれば、提携によってあるグループのシェアが一時的に高まっても、他のグループとの競争関係は維持されると考えているためで、米国の航空政策を世界に広げるための戦略でもある。

「スターアライアンス」の場合は、ドイツをはじめオリジナルメンバーの属する国が米国の「オープンスカイ政策」を受け入れていたことから、「独禁法の適用除外」の認定を得ること

尾翼にフランス国旗をデザインしたエールフランス

ができ、97年に堂々と5社で発足した。ちなみに日本企業では、ANAが99年に「スターアライアンス」入りをした。

一方、構想は早かったものの、「ワンワールド」の動きが止まったのは、英国が「オープンスカイ」に抵抗したためだ。「ワンワールド」のアライアンス自体は99年に米運輸省から承認され、香港のキャセイパシフィック航空、オーストラリアのカンタス航空とともに発足した。しかし、「独禁法の適用除外」の認定が得られず、核となる米英間でのコードシェア運航などが大規模にできないことから、アライアンス効果をフルに発揮できていない。

そして、3つ目のグローバル・アライアンスとして名乗りを上げたのが、エールフランス、デルタ航空を中核に、大韓航空、アエロメヒコが集まって、2000年に立ち上げた「スカイチーム」だ。ちなみに、米仏間では98年にオープンスカイ協定が調印されている。

各地の有力キャリアがほとんどいずれかのアライアンスを選択したのに対し、孤高を守ったのがスイス航空とJALだった。スイス航空は独自性を維持するために、サベナ・ベルギー航空などと地域アライアンスの「クオリフライ」を立ち上げたが、01年の同時多発テロによって起きた航空不況で、本体があっけなく倒産した。現代では地域アライアンスでは不十分で、地球的規模のアライアンスでなければ存続できないということが証明された。

一方、JALはアライアンスに加盟せず、状況に合わせて一本釣りの個別提携で凌《しの》ぐ戦略をとっていた。しかし、スイス航空の倒産を目の当たりにして企業規模の拡大と経営基盤の強化の必要性を悟り、02年にJAS（日本エアシステム）との統合に踏み切った。だが、それでも経営は好転せず、結局「ワンワールド」に加入した。

3大グループに集約

今日、グローバル・アライアンスは、ルフトハンザとユナイテッドを軸にした「スターアライアンス」、BAとアメリカンを核にした「ワンワールド」、エールフランスとデルタなど

グローバル・アライアンスの比較表

	加盟社数	輸送量シェア	輸送人数シェア	売上高シェア
スターアライアンス	24	22.9	20.6	28.3
ワンワールド	14	16.4	13.6	18.8
スカイチーム	13	20.9	19.0	20.2

＊輸送量＝輸送人数×輸送距離
出典：『エアラインビジネス』誌09年9月号

の「スカイチーム」の3つにまとまった。

国際線に就航している世界の上位キャリアは、いずれかのアライアンスに加盟しており、3アライアンスのシェアを足すと、世界全体の6割に達する。もともとアライアンスはエアラインの都合によって始められたものだが、利用者にもメリットがあることから、制度として確立した。世界的規模ながら加盟していないエアラインは、ユニークな経営で知られる英国のヴァージンアトランティック航空や、エミレーツ航空など中近東のキャリア、中国キャリアの一部、サウスウエストやライアンエアなどのLCCくらいのものである。

3大アライアンスは陣取り合戦を続け、空白地域を徐々に埋めている。中国での戦いを終え、これからは中近東やインド、アフリカが草刈り場になりそうだ。一方、日本の国際エアラインは二社体制であるため、空白地域になっている「スカイチーム」は「何とかしたい」と考えている。09年の10月にデルタがJALに資金提供を申し出たのも、その焦りからだった。

また、アライアンスは経営レベルでの連携になることから、どこに加盟するかは重大な決断であり、準備に費用がかかるために、他への移籍は難しい。これまでには、米コンチネンタル航空が「スカイチーム」から「スターアライアンス」に鞍替えしたという例があるくらいだ。これは提携関係にあったノースウエストがデルタと合併したため、危機感を持ったコンチネンタルがユナイテッドと資本関係を結んだためだった。

変わってきた利用者の意識

すべてがファーストクラスの時代

民間航空輸送が始まったころの運賃は驚くほど高かったので、空の旅を利用できたのは、一部の富裕層に限られていた。機内の与圧や遮音は十分でなく、安全性に不安のある状況だったが、客船をモデルに人手とコストをかけてサービスを行ったこともあって、高い運賃を

海外旅行が自由化されていなかったころのJALのDC-7（©JAL）

払える旅客だけが「スピード」を手に入れることができたのである。ちなみに、運賃は一種類で、すべてがファーストクラスだった。

やがて、60～70人を運べる「大型機」が開発されて、「空の大衆化」が始まった。1952年に初めて大西洋線に2等（「ツーリストクラス」）運賃が設定された。ツーリストといっても庶民の観光旅行は皆無で、業務出張のビジネス客や、必要に迫られた個人の利用にほぼ限られていた。

ツーリストクラスは、「座席間隔を狭める」「食事の簡素化」「無料手荷物の制限」などを行って運賃を下げたものの、ファーストと比べてもわずか30％しか安くはなかった。それでも船旅から空の旅へ移行する客は目立ち、大西洋線の航空旅客は4年で倍増した。

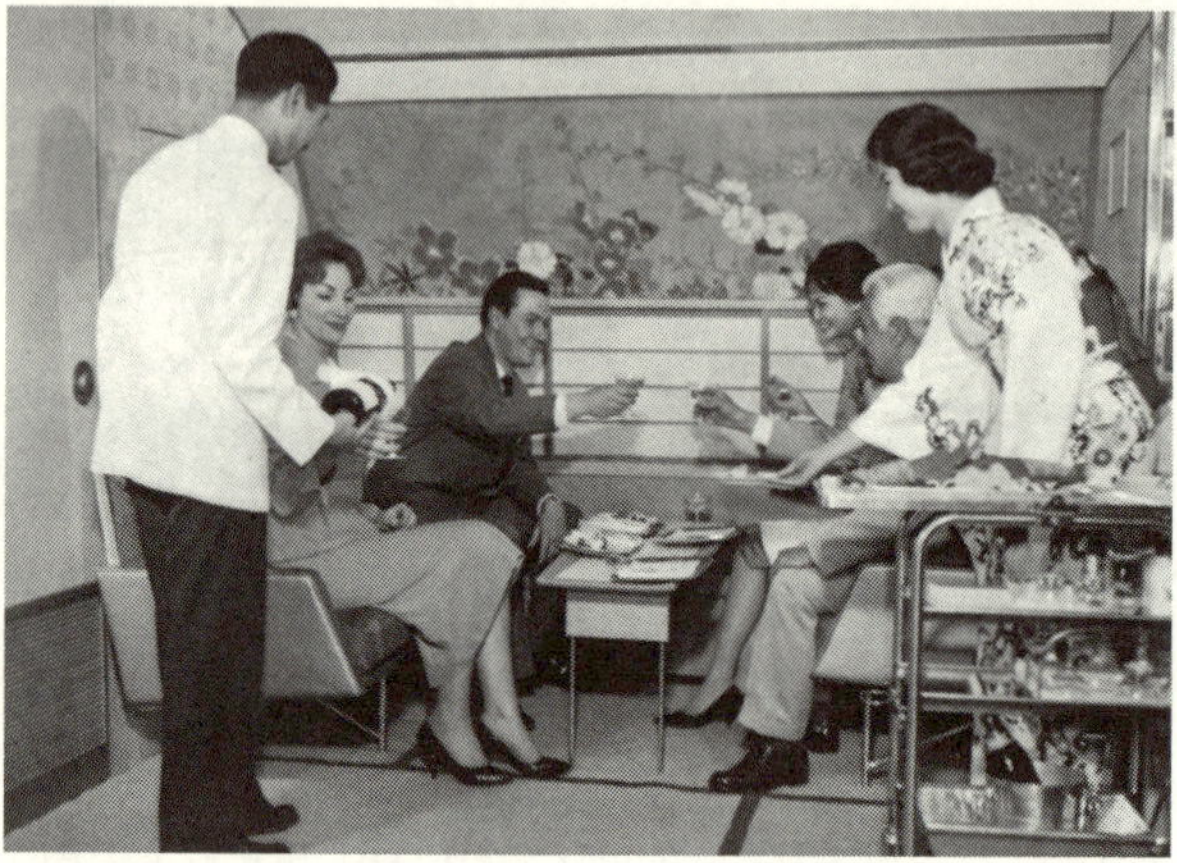

かつて、海外旅行は「夢のまた夢」だった（DC-8のラウンジ ©JAL）

日本では、東京オリンピックが開催された1964年まで海外旅行は自由化されず、国が「旅行の必要性」を審査していた。国際競争力の乏しい産業がコツコツ貯めた外貨を、「遊び」のために浪費することは許されない状況だったのである。

そのため、いざ海外旅行となると、空港には見送り客が大勢押しかけ、親族一同で無事の再会を願っての「水杯」を交わす光景も見られた。海外出張や海外赴任は一族郎党にとって名誉なことであるとともに、飛行機の安全性に一抹の不安を覚える人も多かったのである。

ちなみに、解禁後の最初のパッケージツアーになったジャルパック欧州旅行の代金は67

万５０００円で、当時のサラリーマンの平均年収の57万５０００円（現在の時価に換算すると７００万円）を上回る水準だった（それでも利用はエコノミークラスだった）。したがって、庶民にとっての海外旅行は「夢のまた夢」の存在で、懸賞広告やクイズ番組の商品として当たりでもしなければ行けるものではなかった。

60年代後半になると新興国にもエアラインが設立され、大量の大型ジェット機（１３０席程度）が就航すると、商閑期には格安券が裏マーケットに流れるようになった。しかし、価格はまだ高く、71年時点で、大卒男子新入社員の月給が約５万円だったのに対し、欧州往復は18万５０００円もした。

海外旅行に手が届くようになったのはジャンボ機の就航による運賃下落のお陰である。70年代から海外旅行ブームが巻き起こり、国民はこぞって海外旅行に出かけるようになった。ＯＬは海外旅行のために働き、中高年はパックツアーで、若者はバックパッカーになって世界を闊歩した。

抵抗がなくなった外国エアライン

島国の閉鎖的な環境で生活している日本人は、なかなか国際化に馴染めず、日系エアラインへのこだわりが強いといわれてきた。旅行の際は団体のパックツアーを好み、割高運賃でも日系キャリアを望む傾向が強い。ＪＡＬの旅客数における日本人の比率は８割に達し、外国人比率の高いＢＡの英国人率２割に比べると、異常なほどに高い。

だが90年代から外国エアラインも、強い円で決済する日本人を多く獲得するために、本格的な攻勢をかけてきた。客室乗務員に日本人を採用したり、機内食のメニューに和食を取り入れるなどし、言葉と食事で外国アレルギーを払拭しようとしたのである。その効果もあり、旅慣れた日本人はしだいに外国エアラインを使用するようになった。

その後、90年代後半からアライアンスへの加盟が急速に進み、コードシェア便が増えたことで、外国エアラインの運航便に乗る機会も多くなった。日系キャリアよりも魅力的な設備や新しいサービスを導入したり、有効期限の長いマイレージプログラムを行っている外国エアラインもある。

反対に日系キャリアは、コスト削減のためのサービス縮小が目立ち、独自色が薄まっている。「乗務員による振袖サービスの廃止」「フライトキャディ（上級クラス利用者の手荷物を無料で空港まで運ぶ）サービスの中止」などを行い、コスト削減や国際化対応のために「外国人乗務員の採用」も始めた。最近では、日系キャリアの機内で、英語で和食の注文をするケースも増えた。外国エアラインの日本化と日系キャリアの無国籍化で、内外キャリアのサービス格差は縮まっている。

経営不振が深刻さを増す中で、地方空港の国際線からの日系キャリアの撤退が相次いだ。近年では首都圏、中部、関空を除く地方空港の国際線からは「日の丸」がほとんど消え、外国エアラインばかりだ。多くの地方自治体は、国際線がなくなることを恐れて、外国企業にも分け隔てなく助成金を支払っている。

航空の分野では、すでに地方にも国際化の時代が到来しているのだ。

格安時代の到来で変わる空の旅

海外では、バス並みの運賃で格安航空に乗れる時代が到来し、人々の生活における航空の利用が一変している。

米国では、サウスウエスト航空が隣の州まで2000〜3000円で飛べる運賃を設定し、気軽に航空を利用する旅客が増えた。筆者が、ロサンゼルス―フェニックス便で隣に乗り合わせた若い女性は、離陸時に「飛行機に乗るのは怖い」と泣きながらも、「サウスウエストのお陰で、ヒューストンの実家までいつでも帰れるようになった」と喜んでいた。フェニックスでの乗り換えはあるが、運賃はバス並み、それでいてバスの10分の1の時間で帰省できるという。

また、シンガポール・チャンギ国際空港の格安ターミナルでは、近隣諸国からの出稼ぎ労働者の利用が目立つ。筆者が会話を交わしたマニラ便に乗るという女性は、「シンガポールで住み込みのメイドとして働いているが、タイガー航空の格安運賃を利用して、子供に会いに里帰りする」と嬉しそうに語っていた。船の利用では日数がかかるために、それまで1年に1度しか帰れなかったが、2800円の格安運賃でタイガー航空を利用すれば、3〜4ヵ月に1度会えるという。格安航空は彼女にとって、労働価値の高い外国での労働と、家族の絆の強化を両立させてくれるものなのだ。

また、過日放映されていたテレビ番組によれば、退職後にマレーシアに移住したある日本人夫婦は、年金で生活しながら、格安航空を使って3ヵ月に1度のペースで周辺国への旅行を楽しんでいるという。確かに、エアアジアのチケットを2ヵ月前に購入すれば、クアラルンプールからバンコク（日本では札幌—福岡間に相当）まで1500円だから、日本での夕食代1回分にすぎない。

以前から格安航空の利用が広がっている欧州では、人々の生活はさらにボーダレスになっている。例えば、ロンドン市内に住むビジネスマンが、フランスの地方に別荘を購入して週末に田舎暮らしを楽しんだり、パリのカップルが毎月ミラノでデートをしたりする光景も見られる。筆者の友人はドイツのデュッセルドルフに駐在しているが、シーズンになると毎週のように飛行機に乗り、欧州一円のオペラ劇場を回り観劇を堪能している。

さらに英国には、東欧のほうが物価が安いので、仲間と一緒に結婚式の二次会をプラハで開いたり、ワルシャワまで歯の治療に通ったりする人もいる。ポーランドの医者は技術がしっかりしているうえに、治療費が格段に安いので、格安航空での往復ならば十分元がとれるのだ。

確かに、もし運賃が１５００円ならば、福岡から東京に料理を習いに毎週通うこともできるだろうし、東京から札幌ドームでの野球観戦にも気楽に行ける。これまで、清水の舞台から飛び降りるような覚悟を求められたディズニーランドへの家族旅行も、地方から気軽に日帰りで行くことができる。

もはや航空は、特別な乗り物ではなく、バス並みの安い運賃で短時間のうちに移動のできる、手軽で便利なものになりつつあるのだ。

第2章

大手の失速と新規参入組の台頭

マレーシアの格安航空会社エアアジアのエアバスA320型機（特別塗装機）と従業員たち（©AFP＝時事）

大手各社が生き残りをかけ、盛んに提携、買収を進める一方で、低価格を売りにする格安航空会社はシェアを拡大。慢性的なコスト高に苦しむ大手を尻目に、その身軽さを武器に、着々と足場を固めている。

統合が進む欧米のエアライン

「世界最大」の変遷

「世界最大のエアライン」が、次々と入れ替わっている。1991年のソビエト連邦の崩壊によって民間航空輸送部門を統括していた巨大組織のアエロフロートが解体されて以降は、アメリカン航空が名実ともに世界最大（輸送量）のエアラインになっていた。米国国内線は世界最大の航空市場であるうえに、自由化で国際線への進出が認められたことで、米国キャリアの雄であるアメリカンとユナイテッドの地位は揺るぎないものになると考えられた。

ところが、04年1月にエールフランス（AF）がオランダのKLMオランダ航空（以下KLM）と経営を統合したことで、売上高で世界最大のエアライングループが誕生した。本来であれば、ＡＦはＫＬＭを完全に吸収したいのだが、フランス企業に吸収されると、オランダ国籍企業としての権益を失うことから、企業の形態はそのまま存続させて、経営レベルの統合にとどめている。

国籍による権益を具体例で示すと、オランダから日本に就航できるキャリアは二国間協定によって、オランダ国籍を有し、政府が指定したキャリアに限られている。したがって、ＫＬＭがオランダ国籍でなくなれば、日本への乗り入れ権も消滅してしまう。二国間協定は世界の基本ルールであるため、ＥＵ加盟国の権益を一本化することに同意した米国以外では、同様の問題が生ずる。

08年10月、今度は世界３位のデルタ航空と６位のノースウエスト航空が合併し、再び米国に世界最大のエアラインが誕生した。存続会社となったデルタ航空は機材８００機以上を保有し、世界66ヵ国３７７都市を結ぶグローバルキャリアだ。デルタとノースウエストは１～２年の時間をかけて統合作業を進め、法的手続きを完了させる予定である。

09年９月には欧州で新たな動きがあった。ルフトハンザ・ドイツ航空は07年以降、スイス航空、サベナ・ベルギー航空、ブリティッシュ・ミッドランド航空を傘下に収めてきたが、ＥＵの欧州委員会がオーストリア航空との合併許可申請を承認したことで、ＡＦ－ＫＬＭグ

ルフトハンザ・ドイツ航空のB747（フランクフルト空港）

ループ、新生デルタを上回るエアラインが誕生したのである。ルフトハンザは、さらにスカンジナビア航空（ＳＡＳ）にも触手を伸ばしている。

欧州ではＥＵ統合によって、国境を越えた企業合同が盛んになってきている。その結果、航空業界は競争が激しくなり、英国のＢＡ、フランスのＡＦ、ドイツのルフトハンザを柱に企業統合が進んでおり、残りの欧州エアラインも、3社のいずれかに吸収されることだろう。

買収攻勢の仕掛け人はBA

もともと欧州の航空業界で、大規模合併路線を始めたのは英国のＢＡだった。

87年の民営化によって甦ったＢＡは、「安泰の地位」を手に入れるために、事業規模の拡大を目指した。

88年に英国２位のブリティッシュ・カレドニアン航空を吸収し、「世界一の路線網」を手に入れる。世界の大手キャリアは将来４〜５社になると予測したＢＡは、世界での地位を確固たるものにしようと、さらに国境を越えた買収に乗り出す。航空自由化によって米国トップグループキャリアの欧州への攻勢が激しくなり、ＢＡはアメリカン、ユナイテッド（いずれも売上規模で２倍）、デルタ（同１・５倍）に対抗する必要に迫られていたのだ。

狙った相手は大胆にも、アメリカンとユナイテッドだった。両社は経営にぐらつきが見えており、特にユナイテッドには米国内でも経営の引き受け手が現れず、労働組合が資本を肩代わりして経営を続けている有様だった。だが、航空産業を国の重要産業と位置づける米国政府の反対によって、いずれの買収交渉も成立しなかった。

そこで、今度はオランダのＫＬＭと交渉したが（詳細は後述）、最終的にまとまらず、92年に破談になった。しかし、ＢＡの執念は凄まじく、米国６位の中堅企業、ＵＳエアウェイズを次なるターゲットとし、交渉を始めた。当事者間ではＢＡの出資比率を21％にすることで合意したのだが、またもや米国政府が介入し、比率が19・９％に抑えられたために、経営の主導権を握れず、ＢＡとしては不満の残る結果となった。

ＢＡは再び矛先を欧州に向け、国内のダン・エアやブライモン航空を買収したほか、ロシアでエアロシア、ドイツでドイッチェＢＡを設立し、フランスではＴＡＴヨーロピアン航空の資本を49・９％買収、オーストラリアではカンタス航空の株式を25％取得した。しかし、これらの企業はいずれも規模が小さく、「安泰の地位」からは程遠いものだった。

そこで次にＢＡが仕掛けたのが、アメリカンとのアライアンス（連合）だった。96年に電撃発表された、メガキャリア同士が手を結ぶアライアンスの内容に、世界は驚いた。

事業規模が、従業員13万５０００人、保有機８６０機、乗り入れ地点４００都市、年間売上高２７０億ドル（当時の為替レートで3兆２４００億円）という、巨大な連合軍が出来上がる。特に大西洋路線でのシェアは強大で、米英間の50％、米国―ＥＵ間の27％を占めるばかりか、ゴールデンルートのニューヨーク―ロンドン線では80％、ボストン―ロンドン線では90％と、圧倒的なものになる。

しかし、ＢＡが人気の高いロンドン・ヒースロー空港の権益のほとんどを握っていることから、英国の権益拡大を警戒する米国政府や、アライアンスの独走を恐れたＥＵ諸国から警戒され、この提携はいまだに承認されていない（第1章の「世界はアライアンスの時代」参照）。

最初の申請は97年に米国政府から却下され、02年の申請に対してはヒースロー空港の発着枠の一部放棄が条件になっていたためBAが取り下げた。BAはEUと米国のオープンスカイが発効したことで障壁はなくなったものと判断し、10年に3度目の申請を行った。

さまよえるオランダ人

オランダのKLMは現有のエアラインの中では、世界最古のキャリアだ。海外の植民地との間で人や物資を運ぶ目的で1919年に設立され、戦後も老舗キャリアとして活躍していた。ちなみに、1960年の輸送実績では、パンナム、BOAC（BAの前身、英国海外航空）に次いで世界3位で、AFさえも上回っていた。その理由のひとつは恵まれた地理的要件で、アムステルダムがヨーロッパとアメリカを結ぶゲート空港になっていたからにほかならない。

当時の航空機は航続距離が短かったため、欧州の空港のうち、アメリカ大陸の最も近くに位置するアムステルダムやコペンハーゲンは、大西洋線における最後、または最初の寄港地として繁栄した。ところが、航空機の性能が高まり、欧州大陸の各都市から直接米国まで飛行できるようになると、衰退が始まった。事業規模が縮小したKLMは、世界のトップエア

ロイヤルの王冠を尾翼に掲げるKLM

ラインから中堅キャリアになって、ビッグキャリアと張り合うのが厳しくなっていた。

余談だが、KLMの機体には「The Flying Dutchman（フライング・ダッチマン）」というフレーズが記されている。世界中を飛び回って活躍するオランダ人にちなんで、「天翔けるオランダ人」と訳すべきなのだろうが、ワーグナーの楽劇では「さまよえるオランダ人」と訳される。

さて、90年秋にはユナイテッドとの合併交渉が破綻したBAから、KLMに統合の話が持ち込まれた。一方、KLMとしても、経営が追い詰められてからよりは、体力の残っているうちのほうが交渉を有利に進められるとの思惑が働き、交渉に積極的に応じた。

話はトントン拍子に進んだが、最終的には、出資比率の10％の差（ＢＡは70対30、ＫＬＭは60対40を主張）で歩み寄れず、92年に破談になった。オランダ人の冷徹な計算が、妥協を許さなかったのだ。ちなみに、会計の「割り勘」を英語で「ダッチ・アカウント（オランダ流支払）」というくらい、オランダ人は合理的で、しまり屋との定評がある。

傷心のＫＬＭの前に突然現れたのは、米国のノースウエスト航空（ＮＷ）だった。ＮＷは資金繰りが行き詰まり、万策尽きていたので、藁《わら》をも摑《つか》む思いで出資者を探していた。もともとＮＷの眼中にはＫＬＭはなかったが、改めて検討してみると互いに重複部分は少なく、補完関係にあることから、限度枠の20％一杯まで出資して提携することになった。ともに生き残りをかけた提携だったが、米国の独禁法の適用除外の特例を受け、ＫＬＭにもメリットがありそうだった。

両社は「ウィングス・アライアンス」を結成し、運営面での一体化を図った。だが、アライアンスのメリットを享受したのは、圧倒的にＮＷだった。ＮＷは大西洋線を持ってはいたものの、他社のネットワークを買収した後発キャリアで、国際線の主戦場でのシェアは低かったからだ。

ＫＬＭは98年にイタリアのアリタリア航空をウィングス・アライアンスに誘い、将来は合併に持ち込むつもりだった。そのため、アリタリアの民営化を前提に、イタリアのハブ空港となっているミラノのマルペンサ空港の拡張整備に、1億ユーロ（当時の為替レートで約100億円）を拠出した。

ところが、2年近く経っても、イタリア側で具体的な行動が始まらないことに業を煮やし、2000年4月に提携の破棄を通告した。KLMとしては、のんきなイタリア人のペースには付き合っていられないということだろう。

そして、KLMはNWとの提携を解消してAFに統合を持ちかけ、04年に経営統合が実現する。AFが2000年にデルタなどとグローバル・アライアンス「スカイチーム」を立ち上げ、02年に「ウィングス・アライアンス」が合流したことから、両社はアライアンスパートナーとしての関係を持っていた。

交渉はことのほかスムーズに進み、AFは増資によって国の所有比率を54・4％から44・7％に下げて民営化するとともに、KLMの株式の89・22％を取得して、買収が確定した（フランス側の持ち株比率は81％）。これによって、従業員10万6000人、保有機540機、路線数226、売上高192億ユーロ（当時のレートで約2兆4700億円）のメガキャリアグループが誕生したのである。

一方、提携を破棄されたアリタリアは激怒し、KLMに2億5000万ユーロの損害賠償請求を突き付けるなどの行動に出たが、経営再建はなかなか進まず、結局AFに買収されて、AF－KLMグループに入ることになった。

米国のメジャーは3社に

KLMとの提携が解消されたNWは再び、混迷に陥っていた。輸送実績こそ世界4位ではあるものの、収益性が低く、経営の建て直しが必要な状態に陥り、04年から始まった原油価格高騰によって、経営にさらに重い負荷がかかっていた。

同様の課題に苦しんでいるメジャーキャリアが米国にもう1社あった。デルタ航空だ。NWは北部のミネアポリスを本社にしたエアラインで、デルタは南部アトランタに本社を置き、米国の航空業界の雄であるアメリカン、ユナイテッドの主戦場とは少し離れた地方を本拠地にしているために、真正面からの戦闘に巻き込まれずに生き延びてきていた。

しかし、両社とも老舗企業としてのレガシー（遺産）を多く背負い、経営は低空飛行を強いられていた。米国では年金、健康保険などの社会保険を国に代わって企業が負担することから、社歴の長い企業の負担は大きくなる。経営が苦しくなった企業の中には、レガシーの

ノースウエスト航空のB747

軽減を図るために、意図的に破産法第11条による企業再建を行う例も多い。破産法の適用によって社会的な信用は損なわれるが、裁判所の監視下で債務の整理や労働組合との協定の白紙化など強権を発動することも認められており、抜本的な再建が可能になる。ちなみにメジャーでは、アメリカンを除くすべてのエアラインが破産法の恩恵に浴している。

燃油価格高騰が続く05年9月、NWとデルタは揃って破産法第11条の適用を申請した。経営が完全に行き詰まっていたわけではなく、破産法が改正されて運用が厳しくなる前のタイミングを見計らったのだ。両社経営陣の目論見では、再建が終われば、両社のコストは目立って下がり（負債の圧縮、人件費の削減、年金のカットなど）、企業

デルタ航空のB747（新塗装）

経営は楽になるはずだった。

　ところが、１年半の血の滲むような再建を終え（デルタは07年4月、NWは6月）、デルタで30億ドル、NWで22億ドルのコストカットができたものの、燃油価格は2倍以上に跳ね上がって、削減効果は帳消しになってしまっていた。さらなるリストラを行おうにも、もはや削れるところはない。

　そこで、浮上したのが両社の合併だった。両社は同じアライアンスに属していたが、互いに向き合ってみると、補完関係にあることがわかった。デルタは米国東部・南部、中南米、大西洋路線に強いのに対して、NWは米国東部・北部、太平洋・アジア路線に高いシェアを持つ。両社の路線を足し合わせると路線数は１０００に達するが、重複ルートはわずか12にすぎなかった。デルタは未開拓に等しい太平洋・アジア路線を一挙に充実させることができ、NWはこれまで弱かったブランドイメージを強化し、ビジネス客を増やすことができる。

話し合いは一気に進み、08年4月に世界で最強のエアラインの統合計画が発表された。ちなみに、路線数では米国内線、米国発の日本・アジア・アフリカ線で1位、中南米線で2位だ。合併によるリストラと相乗効果は、10年は11億ドル、11年は16億ドル、12年は20億ドルを見込めるという。

08年10月には、独占に関する司法省の審査終了の通知を受け、NWの親会社がデルタの親会社に吸収され、経営が統合された。事業会社は統合作業を進めながら経営を行っていたが、連邦航空局が09年10月に認可したので、正式にNWがデルタに吸収され、新生デルタとなった。新会社は、従業員7万5000人、保有機800機以上を有し、世界最大の輸送量を誇るエアラインとなる。

新生デルタの誕生は、米国の航空界に強い衝撃を与えた。6社残っていたメジャーの中の3位と4位が合併したことで、上位3社と下位2社の間が大きく開くことになった。さっそく、NWと協調路線をとっていたコンチネンタル航空が、NWとの協力関係を解消し、ユナイテッドと提携（事実上の統合に近い）した。残るUSエアウェイズもアメリカンとの統合がささやかれている。

この結果、規制緩和前には国内メジャー10社、国際2社体制を誇っていた米国でも、メジャーは3社体制になりそうだ。

格安社の誕生と市場参入計画

ビジネスモデルを築いた米国社

今日の格安社（ＬＣＣ）のビジネスモデルの基礎をつくったのは、米国のサウスウエスト航空とされる。サウスウエストも規制緩和以前は、ダラスに本拠地を置く、ごく普通のローカル航空会社で、４機の小型機を使ってテキサス州内の３都市間を行き来していた。転機となったのは、定期点検のために回送する週末便に、格安運賃で乗客を乗せたことだった。規制緩和以前の時代には運賃を勝手に変えることはできなかったが、１９７８年に始まった航空自由化によって、エアラインが自由に決められるようになっていた。「通常の３分の1でも運賃が入れば、１００人分で回送経費が賄える」との発想で客を乗せ始めたのだが、何と予約が殺到した。

競合他社が同じ運賃で追従したので、おまけにウイスキーのボトルをつけてみた。すると、週末に帰宅するビジネス客は、出張旅費を浮かすことができ、ウイスキーまでもらえるサウスウエストを選んで乗るようになった。「運賃が安ければ、乗客は殺到する」と考えたサウスウエストは、本気になって格安運賃の実現に取り組んだ。

まず始めたのがコストの徹底的な削減で、サービスを根本的に見直した。大手は競合社との差別化のためにサービスをエスカレートさせていたが、サウスウエストは必要最小限にとどめ、二次的なサービスは思い切って、切り捨てた。

ちなみに、さまざまなサービスが用意された大手を「フルサービス・キャリア」と呼び、余分なサービスをしない格安社のサービスの態勢を「ノンフリル・サービス」と表現する。

運航形態も大手とは大きく変えた。大手は「ネットワークキャリア」とも呼ばれるように、全米に張りめぐらした路線網を有効活用するために、拠点となる「ハブ空港」に乗客を集め、ハブ空港間の長距離路線に効率のよい大型機を飛ばす（「ハブ&スポークシステム」）。「ハブ空港」に寄らなければならず、遠回りを強いられる乗客も多いのだが、不満を和らげるのに貢献しているのがマイレージ制度だ。一方、サウスウエストは短距離路線の直行便（「ポイ

コスト削減を徹底させたサウスウエスト航空

ント・ツー・ポイント」）に徹しており、コストを削るためにマイレージは採用していない。

さらに、大手のコンピューター座席予約装置（ＣＲＳ）は、次第に大がかりなものになり、航空券にとどまらず、ホテルやレンタカーなど旅行に付随するものの予約にまで機能が拡充され、開発・運用コストに歯止めがかからなくなっていたが、サウスウエストは自社便座席の予約に限定した。

サウスウエストのアイディアが素晴らしかったのは、経費の削減にとどまらず、生産性の引き上げによってコストダウンを図ったことで、その典型例が目的地における折り返し時間の短縮だ。

航空機は地上に停留しているときは売り上げ

サウスウエストの概要

		08年	07年
業績	売上高（百万$）	11,023	9,861
	税引前利益（百万$）	178	791
輸送実績（単体）	旅客数（千人）	101,808	101,911
	有効座席キロ（百万）	103,271	99,636
	有償旅客キロ（百万）	73,492	172,319
	搭乗率（%）	71.2	72.6
	保有機	537	520

		座席数	保有	発注	仮発注
機材計画	B737-300	137	185		
	B737-500	122	25		
	B737-700	137	327	104	62

＊B737-700の一部は-300の更新用

に貢献しないので、なるべく早く空に戻し、機材の稼働時間を増やすことが重要である。サウスウエストのパイロットの賃金は大手とさほど変わらないが、月間の乗務時間が長いため、飛行時間当たりのコストでは低くなる。ちなみに、02年のパイロット一人当たりの月間飛行時間は、ユナイテッド36時間、アメリカン39時間、NW40時間、デルタ45時間、コンチネンタル49時間に対して、サウスウエストは62時間だった（米国『エビエーション・ウイーク』誌）。

サウスウエストのビジネスモデル（詳しくは後述）は、メジャーのモデルとは正反対のものとなったが、低運賃を恒常的に生み出す「ローコスト」を実現し、多くの乗客を集めることに成功したのである。

ボーダーレスを活用した欧州社

米国に続いて航空自由化を行ったEUは、88年から10年をかけて、段階的に規制緩和を進めた。97年4月の最終段階への移行期間となった3年間に、80社もの新規航空会社が誕生した。EU統合の進展による市場の統一、航空自由化が格安社への追い風になった。

それぞれの国の面積が小さい欧州域内では、米国のような大規模な「ハブ&スポークシステム」は設定されていなかったが、既存の大手エアラインは、大型機を使用し、需要の大きい空港を拠点としたネットワーク輸送を行っていた。ところが、ロンドン、フランクフルトなど主要空港は発着枠が取りにくいうえに混雑し、運航ダイヤの遅延は慢性的になっていた。

そこに目をつけて参入し、成功したのがライアンエアやイージージェットなどのLCCで、老舗エアラインがつくったゴー・フライ（BAの子会社）、バズ（KLMの子会社）などのケースもある。

欧州最大のLCCに成長したライアンは、本拠地はアイルランドだが、ロンドンのスタンステッド空港、ベルギーのシャルルロア空港、フランクフルトのハーン空港など他国の27空港にも拠点を確保して、BAやルフトハンザなどを標的に安値攻勢をかけている。今では180機のB737を使用し、130の都市間で年間3500万人の乗客を運び、9400万ポンド（約220億円）の利益を稼ぐビッグエアラインに成長した。

ライアンが産声を上げたのはアイルランドの田舎のウォーターフォードで、15人乗りの双発プロペラ機1機だけでロンドン郊外のガトウィック空港までを細々と結ぶ小規模なローカルエアラインだった。しかし、85年に航空自由化の流れに乗り、アイルランド・英国両国のフラッグキャリアが独占していた首都ダブリン—ロンドン（郊外のルートン空港を使用）線に参入した。

英国—アイルランド間の移動に航空を利用していたのは、一部の富裕層に限られていたが、ライアンが目を付けたのは、フェリーボートで海峡を横断する200万人の人々だった。大手の半額を下回る99ポンドの運賃で参入し、ライアンの旅客数は16倍に跳ね上がった。

大手は名の通ったブランド、長年の信頼、行き届いたサービス、便利な空港を過信し、顧客は新興エアラインには流れないと考えていたが、多くの乗客は「ノンフリル・サービス」であっても安い運賃のほうを選択した。郊外の空港までのアクセスに時間はかかるものの、価格差（最大で大手の3分の1から4分の1）を考慮すれば、十分に納得できるものだったからである。

しかし、すぐに大手は反撃。運賃競争が激しくなり、97年にはダブリン─ロンドン間の運賃は最低19・99ポンド（当時の為替レートで約3820円）にまで下がり、両国のナショナルキャリアが独占していた時代（209ポンド）の10分の1になった。その影響で、それまで高い利益を上げていたBAの欧州部門は、98年に赤字に転落する。

ライアンは思い切ってジェット機を導入して反撃する一方、路線を英国内の各地に広げ、旅客数でアイルランドのフラッグキャリアであるエアリンガスを追い越すようになる。

サウスウエストを手本にしたライアンのコスト削減は徹底したもので、清掃の手間を省くために座席背面のシートポケットまで撤去している。

大手の9割引運賃

ライアンは2000年代に入り、欧州大陸に本格的に進出した。大陸初のハブ（拠点）空港は01年にベルギーのブリュッセル・シャルルロア空港に開設、ベルギーのフラッグキャリアのサベナ航空よりも8～9割安い運賃で運航を始めた。財務内容が脆弱だったサベナは、ライアンに乗客を奪われて急速に収益が落ちたところに、同時多発テロによる混乱の影響も加わって、呆気なく経営破綻した。

市場に停滞感が広まった01年にライアンは大キャンペーンを展開し、社名はさらに浸透した。ロンドンと欧州主要都市との間に片道9・99ポンド（約1880円）のバーゲンチケットを何と100万席も用意し、派手に販売したのだ。

大陸2番目の拠点は、02年にドイツのフランクフルト郊外のハーン空港に開設した。ここでも運賃は思い切った水準で、ルフトハンザの85～91％引きに設定した。ミラノ線を例にとると、ルフトハンザの最低片道運賃が799マルク（当時の為替レートで約4万4750円）だったのに対し、ライアンはその85％引きの119マルクにした。ルフトハンザも対抗するために、格安運賃の子会社ジャーマンウイングスを立ち上げ、低運賃をジャーマンウイングスに任せ、自らは幹線を主体に運航してLCCとの価格対決を避けているが、それでも競合は避けられない。

ライアンのモットーは「経費は最小に、生産性は最大に」である。食事など機内サービスを一切なくしたノンフリル・サービスや、使用料の安い郊外の空港の使用、インターネットによる直販比率を高めて（98％）手数料を削減したことなどが功を奏した。

ライアンの具体的な戦略は次の４点に集約できる。

①安い運賃

欧州内の就航路線は８５０。その平均運賃は40ユーロ（約５４００円）で、とにかく安い運賃を目指す。キャンセルは認めず、またオプションのサービスを受けるには高い料金がかかる。

②定時運航

最大のサービスは定時性と考えており、定時運航を重視する。

③フライトのキャンセルはしない

ＬＣＣの中には、予約が少ないと欠航したり、２便を１便にまとめたりするキャリアもあるが、ライアンはそのようなことはせず、ダイヤ通りに運航する。

④預託手荷物の紛失が少ない

預けた手荷物の紛失を減らすことに最大限努力する。

しかし現実には、トラブルも急増している。02年に英国の消費者団体「航空ユーザー評議会」が行った調査では、クレームの申し立てのトップがライアンに関するもので、利用者の14万人に1人が不満を寄せてきた。キャリアごとのトラブルの内容は明らかにされなかったが、主なクレームは「荷物が届かない」「予約を取り違えた」「遅れやキャンセルが多い」だった。

ライアンエアのマイケル・オレアリー社長（©EPA＝時事）

ライアンは「過去1年で旅客数は40％も伸びたのに、苦情の件数は減った」と反論しているが、その割り切った対応には、戸惑いもあるようだ。「係員に尋ねても返事もしない」との不満も寄せられるものの、マイケル・オレアリー社長は「『旅客は常に正しい』と考えるこれまでのエアラインのサービスはわれわれには通用しない」と公言する。「安い運賃を利用するには、それなりの覚悟が必要」のようだ。

欧州にはライアン以外にもイージージェット、フライビー、ヴァージングループ（以上、英国）、エア・ベルリン、ジャーマンウイング（以上、ドイツ）、エアーワン（イタリア）、トランサヴィア（オランダ）、ブルー１（フィンランド）、スカイ・ヨーロッパ（スロヴァキア）、フライノルディック（スウェーデン）など、多数のＬＣＣが群雄割拠している。

中でも英国のヴァージングループは外国への進出に積極的で、サベナの倒産したベルギーでヴァージン・エクスプレス（96年４月に買収会社を社名変更）、自由化の進むオーストラリアでヴァージン・ブルー（２０００年８月設立）、サモア政府との合弁で島嶼《とうしょ》とオーストラリア、ニュージーランドを結ぶポリネシアン・ブルー（05年10月設立）を運営しており、アメリカ国内線にはヴァージン・アメリカ（07年８月運航開始）を立ち上げた。将来的にはヴァージングループの飛行機を乗り継いで、世界一周ができるようにする計画を着々と進めている。

ビジネス客向けのＬＣＣ

ＬＣＣは「ノンフリルを前提とした格安運賃」だけだと考えられていた市場に、ビジネスユースのモデルを引っ提げて参戦したのが米国のジェットブルー航空である。

それまでのＬＣＣはサービスをできるだけ削ぎ落し、使用料の安い郊外の空港を使用しており、また機材の余裕がなく遅延も多かったため、時間の節約を重視するビジネス客は利用しづらかった。そこに目を付けたのがジェットブルーだった。運賃はサウスウエストよりは高めだが、メジャーの5～6割安を実現し、「割安運賃で高品質なサービス」を売り物にしている。

ジェットブルーの創業者のデビット・ニールマンはユタ州立大学を卒業した秀才で、84年に旅行会社を経営していたジェーン・モーリスとともに、LCCのモーリスエアを設立した。事業は軌道に乗ったものの、競合が激しくなったことから、会社をサウスウエストに売却する。モーリスは社員とともにサウスウエストに移籍、ニールマンは新たな市場であるカナダに移り、ウエストジェットを立ち上げる。経営は成功するが、ここでも格安市場の競合が激しくなったことから、94年にウエストジェットから身を引き、航空券の予約システム会社を経営（99年にヒューレットパッカードに売却）していた。

しかし格安社の新たなビジネスモデルを思いつき、2000年にジェットブルーを設立した。ニールマンが考えていたのはサウスウエストを超える「新世代のLCC」で、サウスウエストに籍を置いていたジョン・オーエンらとともに「NEW　AIR」（当初の社名の案）の構想を練った。世界中のLCCを訪問し、現場を見て、経営幹部にヒアリングをした。日本のスカイマークとエア・ドゥにも訪れている。

ニールマンの出した結論は、近年の航空業は設備が成否を左右する色彩が強いので、小規模な参入から始めると、初期の段階で他社の反撃にあってつぶされる可能性が高いというものだった。そこで、彼はチェース・マンハッタン銀行やウエストン・プレシディオなどの金融機関、機関投資家として世界的に有名なジョージ・ソロスなどを説得して1億３０００万ドルを調達、82機のエアバスＡ３２０（単一クラスで１５６席）を発注して参入した。日本の格安社が最初の１機の調達に四苦八苦しているのとは対照的である。

機内には大手よりも広めの座席スペースに革張りシートと、24チャンネルを楽しめるシートテレビを用意し、使用空港にはニューヨークのＪ・Ｆ・ケネディ国際空港など大手が利用する都心に近い便利な空港を選んで、大手が独占していたビジネスユースの市場に殴り込みを掛けた。

しかも大胆にも、ニューヨークの正面玄関といえるケネディ空港を本拠地に選び、ビジネス客の多いシカゴ、ダラス、アトランタへの便や、大陸横断便なども運航している。また、05年からは１００席のリージョナルジェットを１００機購入して地方都市路線にも参入した。

ジェットブルーの強みは、ＩＴ（情報技術）技術を積極的に取り入れたことだ。予約業務ではインターネットを重視し、安い人件費で主婦を雇い、彼女らにパソコンを貸し出して自宅で受付業務を行わせることによって大幅な経費の削減を図っている。主婦はオフィスに出勤する必要はなく、その分のオフィススペースも不要になる。旅行会社を通さない直販比率は98％（アメリカンは50％）にも達する。

また、これまでパイロットはフライトのたびに数百ページにも及ぶマニュアルを受け取っていたが、ジェットブルーでは持参のノートパソコンにダウンロードする。所要時間はわずか1～2分、カットできるコストは1万時間分の人件費に相当するという。

ジェットブルーの誕生によって、ＬＣＣを利用する際の選択肢が広がった。多少の不便さを我慢してもできるだけ安い運賃を求める乗客は一般のＬＣＣを利用し、仕事などで利便性を重視する乗客はジェットブルーを選択する。ちなみに、日本のスカイマークはサウスウエスト型であり、スターフライヤーはジェットブルーを手本にしている。

淘汰も始まったＬＣＣ

大手も子会社で参入

世界のＬＣＣは約１５０社あり、地域別では欧州が最も多く55社、アジア太平洋が45社、北米が20社、中近東が15社、南米が10社となっている。合計で約２５００機が運用され、供給座席数のシェアでは、欧州で34％、米国で28％、アジアで16％にまで拡大している（09年

世界のＬＣＣベスト10（08年）

1．売上高（千ドル）	
①サウスウエスト（米国）	11,023,000
②エア・ベルリン（ドイツ）	4,789,707
③イージージェット（英国）	4,296,000
④ジェットブルー（米国）	3,390,181
⑤ライアンエア（アイルランド）	2,941,965
⑥ＧＯＬ（ブラジル）	2,719,097
⑦エアトラン（米国）	2,552,478
⑧ヴァージン・ブルー（豪州）	2,258,721
⑨ウエストジェット（カナダ）	2,085,059
⑩ジェットスター（豪州）	1,502,613
2．営業利益（千ドル）	
①サウスウエスト	449,000
②ウエストジェット	239,522
③イージージェット	165,455
④ヴァージン・ブルー	161,077
⑤ライアンエア	122,321
⑥ジェットブルー	109,000
⑦エア・アラビア（ＵＡＥ）	79,081
⑧アレジャイアント（米国）	55,846
⑨エアアジア（マレーシア）	49,056
⑩エア・ベルリン	19,949
3．年間旅客数（千人）	
①サウスウエスト	101,921
②ライアンエア	58,566
③イージージェット	43,656
④エア・ベルリン	28,559
⑤ＧＯＬ	25,669
⑥エアトラン	24,619
⑦ジェットブルー	21,920
⑧ヴァージン・ブルー	17,748
⑨ウエストジェット	14,283
⑩ジェットスター	9,794
4．搭乗率（％）	
①春秋航空（中国）	93.3
②アレジャイアント	87.0
③エア・アラビア	85.7
④イージージェット	84.6
⑤ジャーマンウイングス（ドイツ）	82.4
⑥ライアンエア	82.0
⑦ジェットブルー	80.4
⑧スピリット（米国）	80.3
⑨ウエストジェット	80.1
⑩エアトラン	79.6

出典：『エア・トランスポート・ワールド』誌09年7月号

夏のダイヤによる)。

運航便数では、全体の7便に1便がLCCで、輸送量のシェアは17%に達している(エアバス社調べ)。

米国では、1980年の旅客数シェアはメジャーが92%を占め、地域内運航のコミューター航空が5%、LCCはわずか3%だったが、2000年にはLCCのシェアが20%を超えた。

LCCのシェアが増えた最大の理由は、メジャーの運航コストが高くなったことだ。80年代からさまざまなコスト削減を図ったものの、90年代初頭のメジャーの営業コストはLCCに比べて35%も高く、主要LCCは67・7%の搭乗率があれば採算がとれるのに対し、メジャー7社はたとえ満席でも利益が出ない構造になっていた(運輸政策研究機構『アメリカ航空産業の現状と分析』)。

自社のコストでは競争にならないと見たメジャーは、LCCの強い短距離路線用に子会社のLCCをつくって対抗しようとした。デルタの「デルタ・エクスプレス」、コンチネンタルの「コンチネンタル・ライト」、ユナイテッドの「シャトル・バイ・ユナイテッド」などがそうである。しかし、運賃は安くしても、親会社の匂いを振り撒きながらの就航だったため、価格もサービスも中途半端で、すべて失敗に終わっている。

テロで変わった形勢

一方、ＬＣＣは01年の同時テロ以降、思わぬ競争力を発揮するようになった。厳しくなった空港での保安検査のために、大型機の運航ダイヤが乱れ、大手キャリアのハブ空港を核としたネットワーク輸送（ちなみにアメリカンの接続客の輸送比率は40％に達する）が重大な影響を受けるようになったのに対し、ＬＣＣは空いている空港から小型機で、どんどん運航することができる。

メジャーでは一部の便に遅れが出ると影響が広範囲に及ぶが、サウスウエストなどのＬＣＣは乗継便が到着便を待つことをしないため（乗継チケットの購入比率は10％）、遅れは限定的なものになる。運航便数の頻度が多いため、遅れた乗客もすぐに後続便に乗れるのであまり不満は出ない。

01年の航空テロ以降、フルサービス・キャリアが売上高や利益を落としているのに対し、格安社は増収、増益を続けており、03年には旅客の輸送シェアが33％（売上高では20％）に達した。その結果、ＬＣＣは03年には全米の旅客数上位５０００路線中の２３０４路線に就航し、路線の84・6％をカバーするに至った。アメリカンの60％、ユナテッドの67％、コンチネンタルの61％の路線で競合するようになり、ほとんどの路線で大手はLCCとの競合が避けられない状況になっている（国際航空学会テ・フン・オム会長）。

同様の傾向は欧州でも見られ、03年3月期にはライアンが欧州市場で首位の利益を記録した。98年に6・2％だったEUにおける格安エアラインのシェアは、02年に11％、04年に18％にまで拡大し、07年には30％の大台に乗った。

この間、大手も単に指をくわえて見ていたわけではなかった。メジャーはLCCに走った若者などを呼び戻そうとした。特筆すべきなのはデルタが03年に就航させた「ソング」と、ユナイテッドが04年に始めた「テッド」だ。ともに親会社のカラーを消し、明るく、軽快な若者の感性を取り入れたコンテンポラリーな企業イメージを前面に打ち出し、好調な滑り出しを見せた。

だが、両社とも、新会社に高い評価を与えながらも、「親会社へのシナジー効果が薄い」として、1～2年で事業を中止した。90年代に失敗した教訓を活かし、親会社のイメージは払拭したものの、十分な収益を上げるまでには至らず、また独立色が強いため親会社への乗り継ぎ客が少ないなど、補完関係に至らなかった。

一方で、ＬＣＣのシェアが高まるにつれてＬＣＣ同士でも戦いが始まり、淘汰が始まった。

欧州では、航空自由化に積極的だった英国やオランダで特にＬＣＣが乱立し、激しい戦いになった。01年には中欧最大のスカイ・ヨーロッパ（スロヴァキア）が、04年には英国のプラネット・エアやポーランドのエア・ポローニアが倒産した。欧州での草分け的存在だった英国のゴー・フライは格安分野で欧州３位の規模までに成長したものの、２位のイージージェットに買収され、バズは03年４月にライアンエアに買収されたのち04年10月に清算されるなど、大手が設立を試みた格安運賃の子会社は、ほとんどが失敗した。

燃油高騰で多数が破綻

04年から始まった燃油価格の高騰で、さらに多くの格安社が破綻した。原油価格は01年には１バレル当たり平均約26ドルだったが、03年から上昇を始め、03年には平均約31ドル、04年には41ドルと高騰した。それにともない、ジェット燃料の価格も高騰し、01年１月に１ガロン当たり平均85・８セントだったものが05年４月には平均１・７ドルになった。

世界の航空業界では、原油価格が１ドル上がるごとにコストは16億ドル（約１６００億円）増えると言われるが、格安社はもともと経費を極限まで省き、他に削減できるコストがないため、燃油の値上がりは経営をもろに直撃する。一般のエアラインでは、運航コストのうち燃油費の占める比率は27％程度だが、ＬＣＣは33％程度だ。ちなみに現在、運航コストが世界で最も低いといわれているエアアジアでは53％に達する。

原油価格はさらに上昇し、05年には50ドルの壁を、06年には60ドルをあっさり突破し、07年後半からはさらに急上昇、08年7月に１４７・27ドルという記録的な高値となった。

そのため、08年には、ハワイのアロハ航空をはじめ、米国コロンバスを拠点に超格安運賃（燃油サーチャージを除き10ドル運賃）を売り物にしていたスカイバス航空、歴史のあるフロンティア航空、米国10位にまで成長していたＡＴＡ（アメリカン・トランス・エア）、イタリアの有力ＬＣＣボラーレ航空などが次々に経営破綻した。

燃費効率の良くない中古機を使用して長距離路線を運航していたキャリアは、特にダメージが大きかった。07年末から08年初夏までに、「ビジネス格安航空」の看板を掲げて英米間を飛んでいたマックスジェット、イーオス航空、シルバージェット、香港と英国間を結んでいたオアシス航空などが軒並み倒産した。

カナダ・ブリティッシュコロンビア大学教授で国際航空学会の会長を務めるテ・フン・オムの研究によれば、「ＬＣＣは価格に敏感な鉄道やバスの利用者を対象にシェアを拡大してきたが、大きなシェアを占めるようになった米国、カナダ、英国、アイルランド、豪州では、シェアが30％を超えた時点で伸び率が鈍化する傾向にあり、新たな戦略が望まれる」（05年3月25日運輸政策研究機構でのセミナー）という。

アジアにも続々登場

破綻会社を買収したエアアジア

急速にＬＣＣが拡大しているのがアジア太平洋地区だ。近年のアジア太平洋地区の航空輸送の伸びは著しく、世界における旅客数のシェアでも03年の23・11％から07年には25・67％にまで拡大している（日本航空機開発協会調べ）。また、エアバス社の調査によれば、同地区のＬＣＣは04年には10社弱（提供座席数シェアで5％）だったのが、07年には43社（同12％）にまで増加している。

アジアで格安社が誕生したのも、航空自由化の影響だった。１９９６年にはフィリピンの国内航空でセブパシフィック航空、２０００年にはインドネシアの国内航空でライオンエアが誕生した。両国とも島が多く、航空は重要な交通手段だった。タイでは03年に実施された運賃の下限規制撤廃と外資規制の緩和がきっかけとなって、ワンツーゴー（03年）とノックエア（04年）が設立された。

もっとも大きな旋風を巻き起こしているのは、マレーシアのエアアジアだ。いまや破竹の勢いで、本国のマレーシアに加え、タイ、インドネシアにも合弁会社を設立し、東南アジア～オーストラリア一円の130路線で年間1181万人（08年・グループ合計）を輸送する。安い労働力に加え、徹底的なコスト削減と折り返し時間の短縮など生産性の向上で世界一安い運航コストを実現するとともに、付帯サービス（機内食を含む）の有料化で収益を上げる戦略だ。既存エアラインの87％引きの運賃で参入した路線もある。

ちなみに有償座席キロ（1座席を1キロメートル輸送）当たりのコストは2・36セントで、サウスウエストの5・47セント、イージージェットの7・23セントをはるかに下回る（06年決算資料）。エアアジアが1000キロの路線で利益を出すには23・60ドル以上の収入があれば良いことになる。09年第2四半期ではさらにコストが下がっており、有償座席キロ当たり2・25セント（燃油代を除くと1・22セント）だ。その内訳は、人件費0・30、燃料費1・03、空港使用料0・14、整備費0・17、機材費＋0・24、減価償却費0・52、販売管理費０・12、その他０・21（以上、単位セント）となっている（機材費がプラスになるのは、グループ会社に再リースしている収入が支出を上回るため）。

創業者のトニー・フェルナンデスは英国の音楽業界に身を置いていたが、帰国後の２００1年に37歳で会社を設立した。ロンドン在住中に利用したイージージェットの低運賃に感動し、マレーシアでＬＣＣを立ち上げようとしたのだが、新規の航空会社の設立は認められなかったため、経営が行き詰まっていた旧エアアジア社を１リンキッド（34円）で買い取った。もっとも、同社には４０００万リンキッドの負債もついていた。

“Now Everyone can fly”（さあ、誰でも飛行機に乗れる）のスローガンで運航を始めたのは02年。これは、単なる宣伝コピーではなく、マレーシアで育ったフェルナンデスの夢であり、実感だった。以前のマレーシアでは国営のマレーシア航空が業界を牛耳っていたこともあって航空運賃が高く、人口の１％しか飛行機を利用できなかったからだ。

「さあ、誰でも乗れる」

エアアジアの運賃テーブルの特徴は、事前予約の期間が長いこと、購入が早ければ割引率が大きくなる「カウントダウン運賃」をとっていること、カウントダウンの設定が９～12の多段階であることだ。例えば、クアラルンプール—バンコク間は、4ヵ月前に販売が開始され、販売開始直後は1500円だが、運航前日には1万5000円にまで上がる。この間、運賃テーブルは12段階設定されており、多くの旅客は運航の1～2ヵ月前に購入するという。

エアアジアに対抗するように、シンガポールではシンガポール航空が子会社としてタイガー航空を設立、オーストラリアにはヴァージン・ブルー、インドネシアにはアダムエア、インドにはエアデカン、マカオにはビバ・マカオ航空などが続々と誕生した。

ちなみに運航便数の多いフィリピンのマニラ—クアラルンプール便（2390キロ）のタイガー航空の運賃は5360～9950円で、親会社シンガポール航空3万6200円の3分の1から6分の1だ。01年にはわずか1％にすぎなかった市場シェアも急速に拡大しつつあり、04年に5％、07年には12％を占めるまでになっている。アジアには他国への出稼ぎ労働者が多く、マレーシアだけでも1000万人が存在すると見られている。

アジア域内の航空自由化が遅れている現状を変えるため、エアアジアは現地企業との合弁を進める戦略をとり、実際にタイとインドネシアに合弁会社を設立している。最初のケースとなったのはタイ・エアアジアで、03年12月にタイの通信会社シン・コーポレーションとの合弁会社として設立され、04年1月にバンコクを拠点にタイの国内線に就航した。

エアアジアが成長するに伴って本国のマレーシアでは、国が70％の株式を保有するマレーシア航空との棲み分けが問題になった。エアアジアに、その勢いのままに権益を与えていると、フラッグキャリアを追い詰めることになるが、かといってマレーシア航空を守るためにエアアジアの成長にタガを嵌めると、せっかくの国際競争力を削ぐことになり、トータルとしての国益を損なう。意見は分かれた。

政府は、04年に政策を大きく転換し、縮小均衡によってマレーシア航空の経営再建を図るとともに、多くの権益をエアアジアに移す決定を行った。具体的には補助金で成り立っていた国内線のうち、マレーシア航空の就航路線は20の幹線に限定して、残りの地方路線をエアアジアに移管し、国際線ではマレーシア航空が独占していた長距離路線とクアラルンプール―シンガポール線へのエアアジアの乗り入れを承認した。

これによって、エアアジアは96の地方路線を運航することになり、国内線用キャリアとしてフライ・アイシアン・エクスプレスを設立、08年8月から50席（フォッカー50）と19席（ツイン・オッター）で運航を開始した。国内線ではセパン空港の高い使用料から逃れるために、古くからあるスバン空港を使用している。

エアアジアの概要

		08年	07年
エアアジア業績（単体）	売上高（千リンギット）	2,640,472	1,922,712
	税引後利益（千リンギット）	▲471,738	699,246
輸送実績（単体）	旅客数（千人）	11,808	9,717
	有効座席キロ（百万）	18,717	13,536
	有償旅客キロ（百万）	13,485	11,136
	搭乗率（%）	75.4	78.6
	保有機	44	39

		保　有	発　注	仮発注
機材計画（グループ）	A320	61	114	50
	B737-300	9		
	A330-300	3	23	
	A340-300	2		
	A350-900		10	5

長距離線は別会社

またエアアジアは、飛行時間4時間を超える長距離路線をカバーするために、07年1月にエアアジアX社を設立した。エアアジアXは383席の大型機エアバスA330を採用（25機発注）し、資金を英国のヴァージングループから20%、日本のオリックスからも10%集めている。同年11月からオーストラリアのゴールドコースト、中国の杭州、アモイ、広州、マカオなどに就航。その後、イギリスのロンドン、フランスのニースなどに就航している。

念願のシンガポール線には07年11月から参入した。同路線は両国のフラッグキャリアがほぼ独占し、共同運航していたため、運賃が割高になっていた。エアアジアの低運賃は多くの旅客を掘り起こし、搭乗客数は02年の61万人から06年には９３１万人、売り上げは73億円から２９３億円へと急成長した。今では75機を使い、11ヵ国75都市にネットワークを張るまでに成長している。２０１２年には保有機を倍増して１４２機まで増やす予定だ。

そのほか、アジア太平洋地域には、ジェットスター（オーストラリアのカンタス航空の子会社、２０００年設立）、タイガー航空（シンガポール、同04年）、ライオン・エア（インドネシア、同99年）、ワンツーゴー（タイ、同03年）およびノックエア（タイ、同04年）、セブパシフィック（フィリピン、同96年）、エアデカン（インド、同03年）及びキングフィッシャー（インド、同04年）などのＬＣＣがある。

エアバス社の予測によれば、同地域におけるＬＣＣの伸び率は年間で40～50％に達しており、２０１０年には全体の20％を占めるだろうという。

韓国のLCC、チェジュ航空試乗記

韓国第3のエアライン

アジアのLCCと言えば、エアアジアをはじめ、シンガポール、タイなどのエアラインに注目が集まるが、将来の日本にとって重要な存在になりそうなのが隣国韓国のLCCだ。日本からの距離も近く、ソウルを拠点に日本の各都市に扇型に路線を張れる有利な地理にあるからだ。そこで、韓国のLCCの先駆け的存在のチェジュ航空（済州航空）に乗ってみた。

チェジュ航空の設立は05年1月で、韓国3番目の定期航空会社である。財閥の愛敬《エギョン》グループと、済州特別自治道の共同出資による第三セクターのLCCだ。

愛敬グループは石油化学や生活用品で有名な韓国の大手財閥で、近年はデパート・免税品などの流通グループや航空など新規分野の開拓に乗り出している。一方、済州島は韓国有数の観光地であるが、航空が重要な交通手段で、航空輸送の充実と低価格化がこの島の社会経済を大きく左右する。

初就航は06年6月5日。済州を拠点に、プロペラ機のボンバルディアQ400でソウル（金浦国際空港）と結んだ。当時の大手の運賃は、週末で8万ウォン（当時の為替レートで約8000円）だったが、それより3割安い運賃で参入した。

その後、釜山、襄陽にも就航し、4地点間で1日50便を運航した。08年6月には国際線の就航基準を満たし、韓国の建設交通部から国際線への進出を認められて不定期チャーター便の運航を開始、09年3月2日には日本への定期路線を開設した。

チェジュ航空はソウル（仁川）発着の大阪（関空）線と北九州線を選択した。大阪は市場が大きく、北九州は他のエアラインと競合しないのに加え、北九州市の助成策を活用できたからだ。関西空港ではANAと、北九州空港ではスターフライヤーと契約し、地上のハンドリングとチェックイン業務の支援を受けている。

愛想の良いエアライン

筆者が試乗したのは、就航3ヵ月後の09年6月で、路線は関空―ソウル線だった。第一印象は、カジュアルで、「愛想の良いエアライン」だった。

個人的な体験で恐縮だが、20年ほど前に初めて韓国のキャリアに搭乗したときの印象は、

「スチュワーデスに微笑みが少ない」ことだった。スチュワーデスと言えば、世界中で「微笑み」を看板にしているが、その韓国キャリアのクルー（乗務員）の表情は硬かったのが、妙に印象に残っている。これは韓国女性の特性なのか、企業固有の体質なのか、見極めがつかなかった。その後に参入したキャリアでは、特段「愛想が良い」というほどではないが、さして違和感はなかった。

しかし、チェジュのクルーは全く別世界で、笑顔があふれている。スチュワーデスだけでなく、イケメンを揃えたスチュワードも愛想が良い。関空からソウルまでの実飛行時間は1時間40分前後と、羽田―福岡線並みの短さなのだが、国際線のために入国書類の配布、免税品の販売とやることが多いうえに、ミニイベントまでこなす重労働。それでも彼らは笑顔を絶やさない。

搭乗したのは6月25日の1302便で、機種はB737―800。16時20分に関空を発って、18時10分にソウルに着く。チェックインを終えて、ボーディングブリッジから機内に入ろうとすると、「アンニョン・ハセヨ（こんにちは）」と軽やかな声が響いてくる。心地よい挨拶に気分も乗って、「そうだ、1枚写真をおさえておこう」と一歩戻ってカメラのレンズを向けると、快くポーズをとってくれた。

笑顔を絶やさないチェジュ航空のクルー

機内で配られるおにぎり、ピーナッツ、ソフトドリンク

クリーム色の制服は上品で、ボタンで止める下地に企業カラーのオレンジを忍ばせてあるなど、デザインも結構しゃれている。サウスウエストのクルーは自前のポロシャツにスニーカー、スカイマークも上着だけ会社支給のポロシャツになったが、チェジュは違うようだ。

機内の座席はブルーを基調にしたクロス張りで、TVやオーディオなどの娯楽設備はない。レイアウトは189席と聞いていたので、狭さを覚悟していたのだが、さほど窮屈ではない。膝とシートポケットの間にはまだ余裕がある。しかも、短時間の飛行時間で、運賃が安いのだから、不満はない。着席し、周りを整えていると、早速、クルーがやってきて、外国人用の入国書類を置いて行く。

ドアが閉じられ、機体がゲートを離れたのは16時15分。定刻よりも5分早い。とにかく「テキパキ」している印象だ。クルーによる非常用設備の説明が始まった。韓国語の次に、日本語での説明が入るが、たどたどしい日本語がかえって可愛らしい。改めて周りを見渡すと、韓国人の家族などが多く、ビジネス客は見当たらない。B737は回転半径も小さく、機敏に動き回る感じだ。A滑走路を南に滑走し、16時25分に離陸した。

すぐに右に旋回し、淡路島の上空から山陰に向けて上昇を続ける。「ポーン」とチャイムが鳴ってシートベルト着用サインが消えると、すぐさま後部のギャレーからカートが引き出

仁川市が間近に見える

された。２人１組のクルーが希望のソフトドリンクとおにぎり（１個）と、おつまみのピーナッツを無料で配る。飲み物は、オレンジジュース、ミネラルウオーター、温かいお茶、コーヒーなどだ。左右の乗客を見ると早速おにぎりを口に運んでいる。種類もいくつかありそうだ。筆者もおにぎりを食べてみると結構うまい。

ここで、軽いタービュランス（乱気流）に入り、シートベルトの着用サインが点灯したのだが、クルーは全く動揺せずに、そのままサービスを続ける。凄い「ガッツ」だ。機体はすでに日本海に入り、韓国の領土が間近に見える。食べ終えたころにクルーがＵターンしてきて、お代わりの飲み物を勧めてくれる。

カップの片づけが終わると、すぐに免税品の販売が始まる。さすがに、買い求める旅客は少数だ。それが終了するころには機体はすでに着陸態勢に入っている。クルーはそれこそ息をつく暇もなく動き回るが、微笑みながら、乗客の一人一人に気を配っている。

機体は翼を2、3回小さく傾けると、17時55分に仁川国際空港の西側滑走路に滑り込み、18時02分にターミナルビル本館の34番ゲートに到着した。

「プレミアム」LCC

翌日の出発前に、弘報室の宋京勲課長にインタビューすることができた。挨拶かたがた「なかなか快適なフライトですね」と感想を述べると、宋課長の口から発せられたのは、「チェジュはプレミアムLCCを目指しています」との言葉だった。頭の中では、「おにぎりがプレミアムの根拠?」と疑問が湧いてくるが、説明を聞くと、「今の運賃は大手に比べて3割ほどしか安くはないが、サービスにも力を入れる」のだという。

おにぎりとドリンクを無料にしている理由を聞くと、「欧米のように飲み物を有料にするやり方は韓国人に合わない」のだそうだ。また、すべてのフライトではないものの、客室クルーの中の「特別チーム」が機内でゲームを行うこともある。韓国でも老舗エアラインとの調整に政府が苦心していることから、低価格一本槍の戦略は取りにくいようだ。乗員は大手を定年退職した加齢パイロット（韓国も日本同様、65歳まで乗務可能）が中心になっている。

最近の動向を聞くと、「運賃は日韓線で往復30万ウォン（当時の為替レートで約２万２７７０円）～40万ウォン（同３万３６０円）を標準にしており、大手よりも30％安い。新型インフルエンザの前はウォン安だったこともあり、日本人60％、韓国人40％の比率だったが、その後はフィフティ・フィフティになっている」そうだ。

現在の海外就航都市は、大阪、北九州、バンコクだけだが、２０１３年には海外13都市に乗り入れる計画だ。候補には、香港や中国、ベトナムなどの東南アジア、日本の都市、グアムが上がっているが、具体的な都市はまだ決まっていないとのこと。

帰国便は週末ということもあって、ガイドブックを持った女子大生グループが機内で盛り上がっていた。ＬＣＣの就航で、隣国との距離も急速に近づいているようだ。

第3章

格安航空会社のビジネスモデル

今日のＬＣＣの基礎を築いた米国のサウスウエスト航空。500機以上の保有機はすべてB737で統一

いまや一大勢力となった格安航空も、最初から成功したわけではない。さまざまな試行錯誤を経て、ようやく大手に太刀打ちできる仕組みを手にしたのだ。安全かつ格安な旅を実現する、そのビジネスモデルを紹介する。

駆逐されたパイオニアたちの物語

「空飛ぶ列車」を実現した英国人

黎明期における民間航空は、さまざまな輸送手段の中でも輸送力が小さく、「贅沢な乗り物」とされていた。しかし、1960年代に新興国が国威発揚のために国有エアラインを設立し、70年代に巨大な輸送力を持つジャンボ機が就航すると、様相は一変した。国際運賃は世界の主要社が加盟するIATA（国際航空運送協会）で決定されるものの、閑散期には互いの目を盗んでの値引きが横行し、違反を摘発するためにIATAの覆面調査員が、五大陸を飛び回るような状態になったのである。

「運賃を大幅に引き下げれば大衆が利用し、輸送量は爆発的に増える」と考え格安エアライン（ＬＣＣ）として設立されたのは、英国のレイカー航空の「スカイトレイン」（77年就航）と米国のエア・フロリダ（ＬＣＣとしての就航は78年）だった。

特に、スカイトレインを始めたフレデリック・レイカーは、彼のおかげで庶民が安い運賃で海外旅行を楽しめるようになったことから、国では「社会のヒーロー」として扱われ、時代の寵児《ちょうじ》に祭り上げられた。時あたかもサッチャー政権が「企業の自主努力による英国再生」を目指しており、その格好の成功例になったことから、サッチャーはレイカーの活動を讃えて、「ナイト（勲爵士）」の称号まで与えた。

フレディ（フレデリックのニックネーム）は義務教育を終えると、16歳から飛行艇の給仕として働き始め、第二次大戦中はパイロットになって活躍した。戦後は航空業界で仕事をしていたが、69年に倒産したエアラインから2機のジェット旅客機（Ｂ７０７）を買い取って、大西洋線でチャーター輸送を始めた。

しかし、ＩＡＴＡがチャーター輸送の運用に厳しい目を向け始めたことで市場が狭まったため、列車のコンセプトで旅客機を飛ばすことを試みた。すなわち、列車と同様に、出発ぎりぎりまで乗客を待ち、機内では何もサービスをしないかわりに、安い運賃を実現させるというわけである。

フレディはダグラス社（当時）から新品のDC―10（300席クラス）を2機購入してレイカー航空を立ち上げ、77年9月から片道59ポンド（当時の為替レートで約2万8800円）の運賃で、ロンドン（ガトウィック空港）―ニューヨーク線に就航させることにした。

英国政府も米国政府も、規制緩和の精神に基づく新たなエアラインの登場を待ち望んでいたこともあって、このレイカーの申請を認可する。画期的な格安運賃はたちまち人気になり、空港には切符を求める（予約は受けなかった）若者たちの行列であふれ返った。

驚いたのは老舗のエアラインだった。当時の国際線の航空運賃はIATAで決められており、全会一致が基本なので、IATAが決めたもの以外の運賃が誕生する可能性はなかった。だが、レイカーはIATAに加盟せず、「IATA運賃」にもとらわれなかった。

各社が「IATA運賃」を守るよう、陰に陽に圧力をかけてきたが、フレディは大して気にしなかった。「各社の運賃政策からは『忘れられている』数百万人の旅客を、安い運賃で運んだとしても、既存のエアラインの顧客には影響は与えないだろう」と考えていたからにほかならない。

だが、実際には大手は大きな影響を受けた。多くの旅客がレイカーに移っただけでなく、既存社の運賃が「法外に高い」という印象が広まったからだ。大西洋線のビッグ3といわれたパンナム、TWA、英国海外航空（BOAC）をはじめ、スイス航空などすべての加盟社がこぞって対抗値下げに踏み切った。

一方、レイカーは初年度に200万ポンドの利益を生んだ。そして、就航4年目となった81年の初頭には、米英間に9本のスカイトレインを運航し、北大西洋線就航社（43社）総量の7分の1の乗客を運び、6位の実績をあげた（アンソニー・サンプソン著『エアライン』早川書房）。

有頂天になったフレディは、スカイトレインで世界一周する「グローブトレイン」構想をぶち上げて、5機のDC—10と10機のエアバスA300を発注し、大手を驚かせた。

航空業界は80年から不況に陥り客足が急激に落ち始めていたのだが、フレディは米英の銀行から3億6000万ドルを借りて、DC—10を5機とA300を3機追加購入した。大手は警戒を強め、大西洋線に就航しているすべての定期エアラインが結束し、航空機メーカーのダグラス社に対してレイカーに飛行機を売らないように圧力をかけるとともに、真正面から運賃競争に挑んだ。

多少の値引きでは効果が上がらないことを理解した大手は、レイカー同様の往復127ポンド、空席待ちの条件付きで90ポンドなどの運賃を導入し、露骨な価格のマッチング（同値

検証
英レイカー航空倒産
政府・銀行に見放され
安値商法思わぬ失速
事業拡大に不況の横風
飛べフレディ！もう一度

レイカーの倒産を報じる新聞記事
（『朝日新聞』1982年2月18日付夕刊）

にぶつける）に出た。競合社の略奪的な運賃攻勢の効果はすぐに表れた。同じ金額ならば、サービス（フリル）のある老舗エアラインのほうがいいに決まっている。

81年11月前半のレイカーの搭乗率は59％に落ち込んだ。運賃の値引きの大きい格安社の搭乗率が59％では採算がとれない。旅行会社の間に広まった「レイカー経営危機説」が、さらに客離れを呼んだ。信用不安説にたじろいだ金融機関からも見放されたレイカーは、82年2月に2億7000万ポンドの負債を抱えて倒産した。

政府による支援を求める意見も上がったが、さすがのサッチャー首相も一民間企業を救うために手を差し伸べるわけにはいかなかった。一方、運賃戦争を仕掛けた老舗エアラインの犠牲も大きく、パンナムは8億ドルの資産を売却して急場をしのぎ、81—82年度の赤字が1億4400万ポンドに達したBOACは、政府からの巨額融資を受けて、なんとか生き延びた。

倒産したフレディのもとには、「もう一度飛べ。おれたちがついている」との激励と義捐金が殺到したという後日談もある。

フレディは大西洋線に就航する大手12社を共同謀議の疑いで訴え、85年に裁判所で和解が成立した。内容は、12社はフレディに対して800万ドル、レイカー航空のチケットを使えなかった旅行者に4800万ドルを支払うというものだった。大手が結託してレイカーの事業を不公正なかたちで妨害したということは認められたものの、レイカー航空は再び翼を取り戻すことはできなかった。

庶民の夢を実現してくれたフレディのチャレンジは、大手の仕掛けた露骨な運賃戦争と、フレディ自身の無謀な経営戦略によって挫折したが、格安航空の市場の存在の大きさを証明したといえるだろう。

巨象パンナムに一矢

英国の対岸、米国にも格安市場に挑む企業人が現れた。エア・フロリダの会長のエド・アッカーと、ピープル・エキスプレス航空を立ち上げたドナルド・バーである。

米国では1978年に航空運賃が自由化され、新たな運賃競争が始まったが、業界を最も騒がせたのはエア・フロリダ（創業は72年）だった。フロリダは沼地などが多く、車や鉄道での移動には時間を要することから、同社は州内のポイントとポイントを結ぶ堅実なローカルエアラインとして活動していた。自由化を機に同社を「規制緩和の寵児」に仕立て上げたのは、ブラニフ航空の社長からスカウトされたエド・アッカーだった。

アッカーは78年に規制が撤廃されると、同年12月低運賃を売り物にマイアミ―ワシントン線に参入したのを手始めに、マイアミを拠点として、国内主要都市との路線を次々と開設する。彼のターゲットは、何と世界にその名を轟かせていたパンナムだった。

当時のパンナムは世界最大の国際線輸送実績を誇っていたが、活動は国際線に限定されていた。しかし、自由化によって念願の国内線市場に進出できるようになると、有力な国内線キャリアのナショナル航空を買収し、国内外を飛び回る新たな態勢を整えていた。

フロリダで勃発したパンナムとエア・フロリダの運賃戦争は、エア・フロリダが勝利し、パンナムは運航便数の削減に追い込まれた。巨象のようなパンナムにとって、エア・フロリダの事業規模はネズミほどにすぎなかったはずだが、アッカーの小回りを利かせた戦略に振り回され、敗れたのである。

経済学と心理学の学位を持つアッカーは、積極的なマーケティングとバーゲン運賃を利用し、エア・フロリダを有力な企業に育てあげた。彼は新奇なアイディアを生む天才で、「キスで世界旅行」というキャッチフレーズをつくるなど、さまざまなサービスを導入した（前掲『エアライン』）という。

勢いに乗ったアッカーは80年に国際線への進出を決め、マイアミからロンドン、アムステルダム、ブリュッセルへの定期便と欧州各地へのチャーター便の運航を始めて、世界規模の運賃戦争を仕掛けた。しかし、買収戦略でつまずく。路線の大規模な拡大を狙って、古巣のブラニフの南米路線と西ベルリンを拠点に欧州全域にネットワークを張っていたエア・ベルリンの買収を狙ったが、失敗し、経営を傾かせて窮地に追い込まれてしまったのだ。

一方のパンナムは、自由化後の競争に有効な戦略を持っていなかったことから、世界中の路線で赤字が急速に膨らみ、経営の建て直しを目指していた。そして驚いたことに、再建のために何と宿敵アッカーに白羽の矢を立て、会長に迎え入れたのである。

ベンチャーの格安社の経営者が、世界のエアラインの王者であるパンナムのトップに就いたことは業界に大きな波紋を呼んだが、エア・フロリダの手の内を知り尽くしているアッカーは運賃戦争で手加減せず、他社と連合してエア・フロリダを狙い打ちした。

米旅客機 橋に激突

朝日新聞 夕刊

ワシントン 豪雪の惨事

乗客ら約70人死亡

ポトマック川に墜落

ホワイトハウスへ二キロ

寒波の犠牲134人に

エンジンの故障か

エア・フロリダの事故は日本でも大きく報じられた（『朝日新聞』1982年1月14日付）

他方、偉大な戦略家を失ったエア・フロリダは、新たな戦略を生み出せる経営者を手当できないままずるずるとシェアを失い、82年に起きたワシントンのポトマック川での事故（着雪で浮力を失った機体が離陸に失敗して川に墜落し、ＴＶ中継される中で、乗客たちが氷結した水面から姿を消していった）でのダメージも加わって、84年7月に倒産した。

素人発想の格安社

米国の格安社で最初に成功を収めたのは、ドナルド・バーの率いたピープル・エキスプレスだろう。バーはウォール街で経営アナリストとして働いているうちに、エアラインのビジネスを学んだ。

転職して、経営難に苦しむテキサス・インターナショナル航空に入社、「ピーナツ運賃」

と命名した新運賃で収益を好転させ、3年後には最高業務執行責任者（COO）にまで昇り詰め、80年に自分でエアラインを設立するために退社した。

バーは1機400万ドルで売りに出されていた中古のB727を3機購入して、低運賃で運航するピープル・エキスプレスを設立。拠点にニューアーク国際空港を選び、長年放置されていたターミナルを使って、81年からバッファロー、クリーブランド、ノーフォークへの運航を始めた。

運賃は均一で、バッファローまではわずか19ドル、ワシントンまでは40ドル（休日と夜間は27ドル）とし、無料のサービスは極力省いた。事前の座席予約はできず、搭乗口に行くと乗務員が出てきて、航空券と引き換えに支払証、現金、クレジットカード、小切手などを受け取った（前掲『規制緩和の神話』）。さらに、予約客が現れないときには、座席を無駄にしないように、空席待ちの乗客をとりあえず乗せ、機内で運賃を徴収した。手荷物預りは1個につき3ドル、コーヒーなどのソフトドリンクとピーナッツは50セント、スナックパック（チーズ、サラミ、クラッカーの詰め合わせ）は2ドルで販売した。

ピープル・エキスプレスが成功を収めたのは、一般大衆のニーズを的確に捉え、コストを最低限に抑えて低運賃を実現したからだといえる。

1機にかかる人員を他社の3分の1でまかない、機材の1日当たりの稼働時間を業界の平均よりも4時間も延ばすという高い効率で低運賃を実現させた。一方で、多額の投資のかかるCRS（コンピューターによる座席予約装置）は導入しなかった。最小限の従業員しかいないピープルは、他のあらゆるエアラインよりも安い運賃を提供できた。84年、同社の座席マイル・コストは3・25セントに下がった。バーは航空史上最低の記録だと誇ったという（前掲『エアライン』）。

バーの口癖は「エアラインの座席は資本、労働、燃料を集約したもので、色気やキャビアで売ることはできない。最大の価値は価格だ」だった。低運賃を実現させるため従業員の労働は過酷になり、低賃金で週に60～80時間も働かされていた。

社員のモチベーションを高めるためにとられたのが、宗教団体を彷彿とさせる経営手法だった。バーは「自発性に基づく『新しい経営』」をアピール、社員に自社の株式を購入させ、すべての従業員を「従業員兼経営者」と見立ててマネージャーの称号を与え、二つの仕事を兼務させることで、業種の壁や役職制度を壊した。ちなみに、あるパイロットは、棚卸マネージャーを兼務させられたという。

ピープルはバーの意思が即座に伝わる軍隊組織のようになり、社内には「異常な愛社精神」があふれていた。同社を取材した『ウォール・ストリート・ジャーナル』紙は「バーがひらめきをビデオで社内に伝える宗教団体のような会社」と記している。また、会社の幹部は、業界の常識に染まった他社から引き抜くことを避け、社内教育で昇格させた。

一方でバーは、大手をいたずらに刺激し、集中砲火を浴びることを警戒していた。ニューヨークでの発着空港には、メインのケネディやラガーディアをあえて避け、川の対岸で寂れていたニューアーク空港を選択したほか、他社を刺激するような広告は控え、学生などの口コミに期待した。

格安運賃の効果は絶大で、ターミナルは乗客であふれ返った。83年にはロンドンとの国際線にも147ドルの激安価格で就航し、数ヵ月にわたって「即日完売」の状態が続いた。バーはこの程度では満足せず、ドイツやフランスにも乗り入れたかったのだが、関係国からの了解が取れなかった。

それでも所有機は驚くべきスピードで増えていった。83年には20機から42機へと2倍に増え、84年末には55機に、86年末には80機となった。バーは次の路線を決める前に航空機を買うような状態で、84〜86年に国内線を29路線増やし、国際線は運航を始めたモントリオール、ブリュッセルのほか、欧州一円にネットワークを広げようとした（前掲『規制緩和の神話』）。

シェアをどんどん侵食された大手は危機感を強めた。レイカーやエア・フロリダのときには大手が結束して、「業界の慣習に従わない新参者」を叩きつぶすことができたが、公正取引委員会の監視が強まり、簡単にはできなくなっていた。

老舗が開発した「複数運賃」

大手は運賃制度そのものの研究に着手、中でも成果を上げたのはアメリカン航空が85年に導入した「セーバー運賃」だった。

「セーバー運賃」は複数運賃制の先駆けとなるもので、次の仮定から編み出された。「これまでは大量生産時代の価値観で、コストと市場価格を勘案して最も多くの消費者をつかまえることのできる単一価格を導き出していた。しかし、消費者は多様化し、同じ商品でもその価値は消費者によって異なるようになった。だから、消費者がそれぞれのニーズに合わせて選択できるように複数の価格を用意したほうが、企業の収入は増える」。

確かに、「運賃が安いならば旅行に出掛けよう」と考える観光客と、「決められた時刻までに目的地に到達しなければならないから運賃は二の次」というビジネス客とでは、評価基準は異なる。観光客は安いタイミングを見計らって利用するのに対し、ビジネス客は自らの要求を満たしてくれたキャリアに落ち着く。そこでは運賃以外に、フライトの多さ、運航の確実さ、ネットワークの充実、サポート体制などのサービス面も重要な要素になる。しかも、価格の決定権は消費者の手に移っていた。

実はこのころになると、「単一運賃」に固執する格安社の弱点が、指摘されるようになっていた。

航空業界は需要の季節変動があるので、夏休みなどの需要期にしっかり儲け、冬場などの閑散期に発生する赤字をカバーするという構造になっている。商盛期には高い運賃のままだが、閑散期には値引きをして実需価格に合わせていた。ところが、格安社はもともとギリギリの運賃を出しているために、商盛期にも儲けが少なく、閑散期は既存社同様に赤字を避けられない。だから毎便80％程度の高い搭乗率がなければ、この赤字をカバーできない。

また、老舗のエアラインには、高い運賃を徴収できるファーストなどの上級クラスがあって、富裕層や企業のトップなどが利用することで収益に貢献するが、格安社にはそのような乗客はいない。格安社の運賃は魅力的なのだが、弾力性に欠けており、「薄利多売」の体制が維持できないと、その低価格はもろに経営を圧迫するのである。

さて、アメリカン航空が複数運賃を導入すると、状況は一変した。呼び水として少しではあったがピープル社を下回る運賃の座席を用意したので、表面上の割引運賃はピープル社と同等になった。利用者は同じ運賃であるならば、経験が豊富で「フルサービス」のアメリカンに目を向けたのである。

ピープル社の使用していたターミナルは築後50年の老朽化したビルで、ネズミが走り回り、ボーディングブリッジ（搭乗橋）がないために搭乗者は冬には雪の中を長い間歩かされて、濡れたタラップ（乗降用の階段）を登らなければならなかった。また、フライトのキャンセルや過剰予約のために乗れないことも多かった。ちなみに、ピープル社は185席のB727に400人の予約をとり、481席のジャンボ機には1000人の予約を受け付けていた（前掲『規制緩和の神話』）。

アメリカンが用意した格安運賃の座席はわずかだったが、売り切れたあとも、旅客は踵を返すことなく、ほとんどがメニューの中から次に安い運賃を探し、搭乗券を購入した。

アメリカンはコンピューターを駆使して、競争状況の変化を克明に読み取り、時々刻々と運賃を変えることによって、便ごとの収益を管理、確保した。事前に立てたシナリオよりも予約が上回った場合は、格安席の数を絞って利益率の高い正価購入の座席を増やし、より多くの収益を目指すが、下回った場合は、割引率を高めて乗客を誘引し、数で売り上げをカバーしたのである。

この手法は、それまでの「飛行機が飛んだ後でなければ売り上げも利益もわからない」態勢とは全く異なり、事前に改善策を講じられる画期的な手法だった。特に、客単価と客数の両面から収益を改善できることは、エアラインビジネスの経営を大きく改善させた。

84年に71％だったピープルの搭乗率は、85年の最初の10ヵ月で62％にまで落ち込んだ。割引価格以外に有効な戦術を持たないピープル社は運賃を下げて搭乗率を上げようとしたが、収入単価が下落し、経営はさらに苦しくなった。アメリカンの「他社よりも安い運賃」は一部に限定（事前の予測では、どうせ売れ残る座席）されているのに対し、ピープルの「他社よりも安い運賃」はすべての座席に適用されたからだ。

利用者は、まず、アメリカンに予約を入れるようになり、ピープルの客は激減した。乗客がターミナルビルに入り切らず、キャンセル切符を求めてビルを取り巻いていた状況は、過去のものとなってしまった。

バーは企業規模を拡大して危機を乗り越えようと、未進出だった西部市場を開拓するために、全米で5番目に大きいフロンティア航空の買収に乗り出した。しかし買収は失敗し、逆にコンチネンタル航空に買収されて、ピープル社は87年2月に翼をたたんだ。

レイカー、エア・フロリダ、ピープル・エキスプレスが生き残れなかったのは、経営陣の過信もあるが、「均一運賃」による硬直性と、格安運賃を生み出せるだけの革新的なビジネスモデルがまだできていなかったことが原因であった。

確立されたビジネスモデル

サウスウエストの成功

今日の格安社のビジネスモデル（経営手法）の基礎をつくったのは、米国のサウスウエスト航空である。低運賃を導入することによって旅客が爆発的に増える現象は、「サウスウエスト効果」とさえ呼ばれている。

サウスウエストは、「定時性と低運賃のためにはサービスを最低限にすることがベスト」と考えている。それでも、同社は基本的なサービスがしっかりしているとの定評がある。米運輸省の調査でも、定時性が高く維持されているほか、利用者からのクレームが少ないキャリアとして評価が定着している。

大手は効率のよい長距離路線を重視するが、サウスウエストは「短距離」「直行路線」に的を絞っている。また、混雑する大空港を避け、利用料が安く、空いている中小空港を利用する。空いている空港にはダイヤの定時性を守りやすいというメリットもある。

需要の増加には、機材の大型化ではなく、飛行頻度を増やすことで対応する。１日10往復を目安に多頻度運航を実施するので、乗客には「いつでも利用できる」との安心感がある。接続利用するフライトが遅れても、さほど待たずに次の便を利用できるからだ。

サウスウエストが築きあげたビジネスモデルは、経営をシンプル化させ、生産性の拡大でコスト削減を実現するものであり、効率を重視し、ネットワークの効果を最大限に高めて成功したメジャーのビジネスモデルとは対照的なものだ。

では格安社の基本ビジネスモデルを紹介しよう。

ノンフリル・サービス

コストを削減するために、サービスは極力カットする。「余分な（フリル）サービスをしない」との意味で「ノンフリル・サービス」と呼ばれる。

特に顕著なのが機内サービスで、食事や飲み物の無料サービスをなくしているキャリアが一般的。ソフトドリンクだけは提供する（サウスウエストはソフトドリンクとつまみのピーナッツを無料で配布）キャリアや、有料で対応するキャリアもある。

エアラインにとっては、飲食物の購入代を削れることもさることながら、飲食物と容器の貯蔵や、下準備に使用するギャレー（厨房）を撤去して、そのスペースに座席を増やすことができるのがメリットだ。

機種を統一

一般的なエアラインは、需要が増えると機材を大型化するため、路線と重要度に合わせて複数の機種を揃えるが、LCCは機種を変えずに、便数を増やすことで対応する。使用する機材を統一することによって、パイロットの訓練プログラムの簡素化、整備マニュアルの統一、補修部品在庫の軽減などのメリットがある。

ほとんどのLCCが150席クラスのボーイングB737かエアバスA320を採用しているのは、マーケティング的にベストなサイズだからだ。つまり、呼び水となる格安運賃、採算に乗せる割引運賃、収益に貢献する正価運賃の複数運賃を実現するのに十分な座席数がある一方、多頻度で運航するのに座席を持てあますほどの大きさではないからだ。100席以下では、採算を度外視した宣伝用の座席を設ける余裕はなく、すべての座席で採算を確保しなければならなくなる。

両機種とも長年にわたって販売が続いているベストセラー機なので、納入価格が安く、クセも少なく、整備など取扱いが簡便だというメリットもある。購入価格を下げるために、発注メーカーの数を絞ったり、長期にわたる大量発注を行って有利な契約条件を引き出すことも多い。

ちなみに、大規模ＬＣＣの機種選定の際（Ｂ７３７を使用していたイージージェットが02年に競合入札でＡ３１９を１２０機購入したときなど）は、発注数が大量になることから、航空機メーカーは正規の５割引もの見積もりを提示することもあるという。

機内はモノ・クラス

座席は普通席だけのモノ・クラスにするのが一般的。座席の管理、サービスを画一化することで、整備、乗員のやり繰り、機内サービスを単純化できる。複数クラスを備えていると、チェックイン時の対応が煩雑なうえ、短時間のうちにクラス別に定員を調整しなければならないし、ダイヤが乱れたときに機材のやり繰りに支障が生じ、フライトのキャンセルや遅延

普通席だけのモノ・クラス（サウスウエストの機内）

にもつながる。

ＬＣＣでは、事前の座席指定はなく、搭乗口に並んだ順番で搭乗するのが主流だが、サウスウエストはチェックイン順で渡されるプラスティックカードの番号順に機内に入る。事前の座席指定制を採用しているキャリア（ジェットブルー、エアトラン、エア・ベルリンなど）や、有料の優先搭乗制（５００〜１０００円程度）をとっているキャリア（ライアン、エアアジアなど）も増えている。

ポイント・ツー・ポイント運航

大手は「ハブ&スポークシステム」（小型機で拠点のハブ空港に旅客を集め、幹線を大型機で輸送するシステム）を採用したネットワーク輸送体系が主流だが、ＬＣＣは二地点間（ポイント・ツー・ポイント）の折り返し運航が基本。

ネットワーク輸送は全体のダイヤが守られているときには素晴らしい効果を発揮するが、ダイヤが乱れると、その影響はネットワーク全体に及ぶ。非接続輸送は、乗り継ぎ客には不便だが、遅延便との接続を待たないため、全体の定時性を維持するのに有効である。ＬＣＣは「小型機による多頻度運航」をモットーにしており、搭乗機が遅延しても次の便までの待ち時間はそれほど長くはない。

搭乗の順番を示すサウスウエストのプラスティックカード

乗客の側からすると、大手は接続輸送を行うため、スルーチェックイン（搭乗空港で最終目的地までの旅客と荷物の一貫輸送を引き受け、搭乗便が遅れた場合は、基本的に接続便が待つ）だが、接続輸送を受け付けない場合は、フライトごとにチェックインを行わなければならない。しかし、近年はフライトが集中するハブ空港を設けたり、接続輸送を引き受けるLCCが増えている。ただし、その場合でも、搭乗機が遅延したときは、接続予定便は待たずに出発し、乗客と手荷物は次の便に繰り越される。

短時間での折り返し運航

機材の稼働時間を伸ばせば生産性を高められることから、LCCは空港での折り返し時間を極限まで切り詰める。

サウスウエストでは社員総出で折り返し時間の節約に当たっており、全米のエアライン平均の45分をはるかに下回る15〜20分を実践。同時に時間順守の従業員の意識が、ダイヤの定時性の維持にもつながっている。飛行時間55分の路線を仮定すると、大手が2往復半する間に約3往復半できるため、機材の稼働時間は大幅に増え、収益面で優位になる。サウスウエストの平均運航回数は1日11回、時間は11時間03分に達する（他社の平均は8時間40分）。

折り返し地点におけるLCCの手際の良さには、驚かされる。機体が到着するスポットには、電源車、給油車、貨物運搬車、エアコン供給車などの支援車両と係員が勢ぞろいし、フライトの到着を待っている。機体が目的地に着くと、乗客が降りる前に後部の扉から作業員が乗り込んで来る。ギャレーの消耗品類を交換し、後部座席から点検・清掃が始まる。すべての乗客が降り終えるまで、搭乗口付近で清掃員が待機する日本とはかなり違う。

高い搭乗率

薄利多売で採算にのせるには、収容座席数を増やすことと、高い搭乗率を確保することが必要になる。

飛行機の座席数を増やすためには、座席の間隔（ピッチ）を詰め、不要なスペース（使用しないギャレーなど）をなくさなければならない。したがって、長時間の飛行は、乗客にとって厳しい。ちなみに、エアアジアのＡ３２０は定員が１８０席だが、同じ機種のＡＮＡの仕様は１６６席、ピッチを通常よりも広げたスターフライヤー機は１４４席だ。

搭乗率は年間を通して高率を維持しなければならない。ちなみに、ライアンの平均搭乗率は高く維持されており、95年の76％は例外

乗客が降りる前に後部の扉から乗り込んでくる作業員

としても、通常でも71～73％を維持している。一方、採算分岐点は95年の72％から年々下がっており、01年には54％になった。

変動運賃制

昨今のＬＣＣの運賃は変動運賃制になっていて、季節、時間帯、競合関係、予約状況によって変化する。早期に購入すれば運賃が安い「早期割引」や、購入が早ければ早いほど安くなる「カウントダウン運賃」を採用しているケースも多い。ＬＣＣをさらに安く利用するには、乗客が少なく（閑散期など）、人気の薄いフライト（深夜・早朝など）を、早期に購入することだ。

ただし、キャンセル料が高いのもＬＣＣの特徴で、キャンセルを認めず払い戻しに応じないエアラインもある。ＬＣＣは安さを運賃に還元するのが基本なので、マイレージポイントなどの顧客優遇制度はないのが一般的だが、近年はマイレージポイント制を導入したり、搭乗回数によって無料券を用意するキャリアもある。

チケットの直接販売

販売にかかる経費を減らすために、チケットはインターネットや予約センターなどでの直接販売が中心だ（旅行代理店や、航空・旅行業界の予約システムを併用しているケースもある）。

従来のエアラインのほとんどは、チケット販売を旅行代理店に頼っていた。エアラインの営業所は数が限られているうえに、キャリアを選択できる利用者が少なかったからだ。日本では、国内線のチケットの販売に対して、旅行代理店に5％（2010年4月からは2・5％に引き下げ）の取扱手数料を支払うほか、販売促進のための経費もかかる。

旅慣れたビジネス客などが利用するためのコールセンターが設けられていたこともあったが、運用には、設備費、人件費、通信回線料など、多額の費用がかかる。JAL、ANAは当初、電話代を負担していたが、2010年1月から無料電話を廃止した。

チケットの流通を大きく変えたのはインターネットだった。エアラインは初期の設備を整えれば、安いコストで大勢の顧客に対応でき、クレジットカードやコンビニエンスストアなど市中の決済機関を活用すれば、代金の回収もできるようになった。流通経費や販売手数料がなくなれば、運賃の割引や収益に充当することができるので、ほとんどのエアラインはインターネットによる販売に切り替えたがったが、収入源を失う旅行代理店の抵抗は大きかった。

LCCは過去のしがらみがないので、直接販売を基本とする。そして電話予約や代理店での購入には手数料を徴収するケースが多い。LCCの直接販売の比率は8〜9割と非常に高い。

人気のない空港や格安ターミナルを使用

LCCは、空港使用料の節約になるのと、短時間での折り返しに便利（希望する時間帯に発着枠を確保できる）なため、人気のないセカンダリー（地域の2番手）空港を使用するのが定石だ。基幹空港に比べて市街地からかなり遠くても、運賃が圧倒的に安くなるので、十分な競争力を持つことができる。

例えばライアンは、97年にルフトハンザ航空が圧倒的なシェアを誇っていたフランクフルトーロンドン線に対抗して、フランクフルト中心部から120キロ離れたハーン空港に乗り入れ、「7割安い」と宣伝し、ルフトハンザのシェアをもぎ取った。

ごっそりと旅客を奪われたルフトハンザは裁判所に、「ハーン空港をフランクフルトと呼

シンガポール・チャンギ空港の格安ターミナル

ぶことは詐称である」として提訴した。ケルン地方裁判所はルフトハンザの主張を認め、ライアンに対して「フランクフルト・ハーン空港」と広告することを禁ずる判決を出したものの、乗客の流れを食い止めることはできなかった。ちなみに01年時点のルフトハンザのフランクフルト—ロンドン線の運賃は224ユーロ（当時の為替レートで約3万5000円）だったが、ライアンのフランクフルト・ハーン空港—ロンドン線は税込33・78ユーロ（同約5300円）だった。

一方、セカンダリー空港の少ないアジアでは、基幹空港に格安社用のターミナルを建設する例が多い。シンガポールのチャンギ空港やクアラルンプールのセパン空港につくられたターミナ

チャンギ空港の格安ターミナルのチェックイン・カウンター

ルが有名だが、建設コストを抑えるために、平屋が多く、二階建てでも、エレベーターやエスカレーターは設置しない。飛行機の乗降に当たって搭乗橋は使用しないので、ゲートからは歩いて飛行機の下に行き、タラップで乗り込む。

チェックインカウンターやラウンジは各社の共用で、フライトごとに場所が設定される。もっとも、チェックインの受付時間は小一時間程度に限定されており、その前後に行っても係員はいない。もちろん、整ったターミナルに比べれば、設備が簡素で不便ではあるが、使用料は半額程度と安いのが何よりだ。

ＬＣＣは、以上のようなビジネスモデルを組み合わせて安い運賃を実現している。ただし最近は、市場の特性に合わせたり、他社と競合した際に優位に立てるように、さらに改良するケースが増え、基本モデルは崩れつつある。

地域別の特徴

サービスの有料化に熱心な欧州

国内市場の規模が桁外れに大きい米国では、ＬＣＣが国内線で発達したが、国土が狭く、国内市場の小さい欧州では近距離国際線で発展した。

ＥＵでは、統一市場として「ひとつの空」を実現した90年代後半に、ＬＣＣが多数生まれた。米国サウスウエストのビジネスモデルを基調にしているものの、ＩＴ技術の活用、サービスの有料化、地域の補助金の活用などのアイディアでは米国キャリアを凌ぐ。

中でもライアンは収入を増やすために、サービスの有料化に熱心なことでも有名だ。ライアンでの利用を時間で追ってみると、次のようになる。

まず、チケットをクレジットカードで購入すると販売手数料がかかる。手荷物を預けると1個につき6ユーロを徴収される。座席は自由席で搭乗は先着順だが、3ユーロを払えば優先搭乗ができる。機内ではコーヒーが2・6ユーロ、ランチボックスが10ユーロ、ゲームを楽しむためのカードが2ユーロといった具合だ。有料サービスは会社にとっても、手数料が入る乗務員にとっても重要な売り上げだ。機内の娯楽設備にはカジノゲームが組み込まれ、胴元としての手数料もしっかりと稼いでいる。

そんなライアンのしたたかな商魂が、笑えぬエピソードを生み出した。09年の春に、「ついに機内のトイレまで有料に」とのニュースが世界をかけめぐったのだ。「欧州の格安エアラインが、飛行中にトイレを利用するには、ドアの投入口にコインを入れることを検討中」との外電だったが、実は誤解から生まれた誤報だった。後日明らかになったところによれば、メディアの取材に応じた広報担当者が、冗談で「トイレの有料化を検討している」と言ったのを、記者は「したたかなライアンならばやりかねない」と信じ込んで、実際に世界中に配信したものだった。

地方の補助金を利用

欧州では、主要空港ではないセカンダリー空港を拠点にして、路線を展開している例が多い。セカンダリー空港は、空いていて発着枠の確保が簡単なうえに使用料が安いなど、エアラインにはメリットが多いが、中には地域活性化や新規雇用を期待して、誘致のために多額な補助金を交付する自治体もある。

ちなみに、ライアンが97年に拠点としてベルギーのブリュッセル・シャルルロア空港に進出した際には、地元のワロン政府から1500万ユーロを受け取った。地元政府は、年間300万人の旅客と新たな雇用に期待したのである。ライアンはシャルルロア空港（公営）とも15年間の契約を結び、空港を使用することを約束する代わり、空港から、着陸料を半額にしてもらい、パイロットの訓練費・宿泊代の補助を受けていた。実際、97年の進出によって、ライアンは600人を採用し、地元では2600の業種で雇用が増加した。

老舗のキャリアは、「これらの補助金が運賃競争の原資に使われていて不公平だ」と02年に欧州委員会に提訴、欧州委員会は04年に「うち400万ユーロは非合法な国家補助」と認定し、ライアンに返還命令を下した。欧州委員会は補助は1500万ユーロに上り、うち25～30％が不当な補助に当たると判断したのだ。

そのため、ライアンは05年末にシャルルロア空港との契約を見直し、16年間の使用契約を結び直した。06年にシャルルロア空港を拠点に5本のルートを開設し、年間25万人の旅客増、年間の乗降客は230万人を見込んだ。一方、シャルルロア空港はスムーズな利用を確保するために、年間５００万人が利用可能なターミナルビルを07年にオープンさせることを約束した。

日本の地方空港でもエアラインに助成金を支給する例が増えているが、長期の契約によって、空港整備と地域開発を進めることができれば、双方にとってメリットがある。

「運賃タダ」まで出現

いずれにせよ、ＬＣＣは市場での主導権を取るために、「安い運賃」のアピールに余念がない。「運賃が安い」のは当たり前、「最も安い格安会社」との評判がＬＣＣには必要なのだ。ライアンは06年には「４００万席をタダで提供」とのテレビ広告を大々的に打ち、英国広告標準機構から「虚偽広告」として警告を受けた。確かに、座席の運賃はタダなのだが、税金、空港使用料、身障者支援のための車イス税、航空保険料など11・７〜21・７ポンドの支払いが発生することから、「最低料金は11・７ポンドと表記すべき」との注意を受けた。

その後、ライアンが打ち出したのが、「運賃の最安値保証」だ。07年に税込み10ポンドの運賃で１０００万席を販売、他社が同じ区間で下回る運賃を販売した場合には差額の２倍を購入者に払い戻す特約を付けた。

もっとも、近年のＬＣＣは付帯サービスも大きな収入源にしており、乗客が搭乗すれば、さまざまな料金が発生する仕組みが出来上がっている。

コストが最安のアジア

アジアのＬＣＣは国内・国際の両面で活躍しているが、特徴は世界のＬＣＣと比べてもコストが安いこと、格安社専用ターミナルに支えられていることだ。参入は国内市場から始まり、国際線にも急速に広がっている。

国際線では制限的な二国間協定が、ＬＣＣの参入障壁になっている。しかし、ＡＳＥＡＮ諸国は域内の規制緩和を進め、10年には首都間路線の自由化、15年には域内の完全自由化を目指している。

最大手のエアアジアの強みは運航コストが安いことで、欧米のＬＣＣと比べても５分の２程度にとどまっている。特に販売流通経費は10分の１、人件費は５分の２という安さだ。興味深いのは人件費で、物価水準の低いアジアの優位性を発揮しており（福利厚生費を含めて年間１５０万円程度）、労務管理の面でも工夫が見られる。雇用を時間単位でコントロールするなど、フレキシブルな雇用契約を結んでいるのだ。

通常のＬＣＣは複数便の就航でフライト当たりのコスト引き下げを図るのが一般的だが、エアアジアはその柔軟な雇用契約によって、数時間しか人手が必要にならない１日１便のフライトへの参入も行っている。

ＬＣＣを支える経営哲学

「家族主義」と「ユーモア精神」

ＬＣＣのビジネスモデルは、徹底的なコスト削減と高い生産性による低運賃が要である。その実現には社員の労働意欲を高く維持することが不可欠になる。

サウスウエストの場合は、社員の一致協力態勢による高い生産性が効を奏している。１機当たりの従業員数では、米国の主要社が１１１〜１５２人であるのに対して、サウスウエストは84・６人にとどまっており（03年実績）、その結果、従業員の賃金が全米平均より５％程度高いにもかかわらず、メジャーよりも50〜70％の低いコストと、８％台の収益率を実現している。

サウスウエストに顕著なのが「家族主義」によるグループ意識の強さで、トップは「会社にとって一番大切なのは社員で、二番目が乗客だ」と言ってはばからない。社員を大切にする精神は昔から有名だ。社内パーティが頻繁に開かれ、トップは社員をファーストネームで呼ぶ。そこには社員を大切にすることによって、社員は乗客を大切にするとの読みがあるが、事実、米国企業では当たり前になっているレイオフ（一時解雇）も創成期に３人した（３人ともすぐに復職）だけだ。

欧米では仕事面でも個人主義が貫かれるのが一般的だが、サウスウエストでは随所に社員同士の協力が見られる。典型例は折り返し時間短縮ための協力で、旅客や貨物の積み下ろしなど飛行機の周りだけでなく、空港での作業にも総出で当たる。ケレハー前会長でさえ、時間を見つけて空港カウンター周りで旅客の荷物運びを手伝っていた。

また、サウスウエストにはユーモア感覚もあり、好評価につながっている。同社のフライトでは、乗客が機内に入り、荷物入れを開けるとスチュワーデスが微笑んで横たわっていたり、機内で「穴の開いた靴下を履いている方には25ドルのクーポン券のプレゼント」といったイベントを行ったりする。「緊急時のマスク着用の際には25セント硬貨の投入をお忘れなく」などおふざけに近い機内アナウンスも日常茶飯事だ。乗客もこのような雰囲気を楽しんでおり、搭乗待ちの乗客からは軽いジョークが飛び交う。

こうした「家族主義」と「ユーモア尊重」の企業風土は「サウスウエスト・スピリッツ」と呼ばれる。同社の経営哲学は、顧問弁護士としての関わりをきっかけに会長にまでなったハーバード・ケレハーを中心に築き上げられたものだ。

ケレハーは抜群の記憶力で人を驚かせる反面、すぐ財布を置き忘れるという癖があり、それを自分でジョークのネタにする。また、卓越した判断力は誰もが認めるところだが、彼の口癖は「こいつは困った。誰か助けてくれ」だった。強いリーダーシップだけでなく、ユーモア精神と人を誘い込む雰囲気づくりが同社成長の源泉だ。

「チームワーク」と「現場主義」

エアアジアのCEO（最高経営責任者）のトニー・フェルナンデスが大切にしているのが「チームワーク」と「現場主義」だ。

フェルナンデスは1964年生まれのインド系のマレーシア人だ。英国に留学し、ロンドンでヴァージン・コミュニケーションとワーナー・ミュージックに勤め、01年に英国在留時代に利用したLCCをヒントに仲間3人でエアアジアを立ち上げた。

自社株の上場で巨万の富を築いた今でも、Ｔシャツに真っ赤な野球帽姿を変えず、毎朝自分の運転する車でオフィスにやってくる。「常にカジュアルな服装でいるのは、会社の中からできるだけ階層を排除したいからだ。ＣＥＯがネクタイを締め、高そうなスーツを着ると、それだけで気軽に話しかけられない雰囲気になり、社員との間に壁ができてしまう。航空会社で大切なのはチームワークだ」（『日経ビジネス』05年８月８・15日号）という。

ラフな格好で社員とともに働きながら、カリスマ性を発揮しているのは、サウスウエストのケレハー前会長やヴァージンのブランソン会長と一脈通ずるところがある。

フェルナンデスは社員に気軽に声をかけるほか、社員のすべてに自分の携帯電話の番号を教え、何かあればいつでも直接言ってくるよう伝えてある。社員は希望すればあらゆる職種に挑戦する機会を与えられることから、手荷物の運搬係や経理マンからパイロットになった経歴を持つ社員もいる。フェルナンデスは社員の能力を最大限に生かすのが会社の役目だとの考えを持っており、その結果、社員のモラルは高く維持され、マレーシア航空が７人がかりで行う作業を４人でこなすという。

フェルナンデスも月に１度は客室乗務員として飛行機に乗り込むほか、手荷物の積み下ろし作業にも参加する。毎日、到着機の出迎えを行い、タラップを降りてくる乗客に「快適な旅でしたか?」「飛行中に困ったことは?」と声をかける。「現場にはコスト削減のヒントが転がっている」からだそうだ。

ＬＣＣに限ったことではないが、成功する企業には、社員が納得する経営哲学がある。

気になる安全性

危ない飛行機も飛んでいる

格安航空の話になると、必ず出てくるのが安全性を心配する意見だ。コストを切り詰めると、必要な費用も削られて、安全性が脅かされるのではないかと懸念される。

結論からすると、その可能性が懸念される企業もあるが、ビジネスモデルが出来上がって成功している企業では、むしろ安全性は高いといえる。要は企業経営の中で、安全性を守るための意思表示と取り組みがきちんとなされているか否かである。

悪い例の典型は、コストを下げるために古い中古機をかき集め、整備費も節約、無理をして安い運賃設定をするような企業だ。

07年の初頭に、2ヵ月に2度の大事故を起こしたインドネシアのアダムエアはこの例に当てはまる。中古の機材をかき集めて多くのフライトを飛ばしており、パイロットの教育も整備も不十分だった。

最初の事故では、元旦の午後にスラバヤからマナドに向かっていたB737がスラウェシ島沖合に墜落し、乗客乗員102名が犠牲になった。事故機は製造から17年も使用された経年機で、原因はパイロットの幾度もの判断ミスに、計器の故障が重なったためだった。インドネシア政府は事故の背景に、整備の手抜きや緊急事態を想定したパイロットの訓練を怠っていた経営のあり方に問題があったとする調査報告書を公表した。

2月21日にはスラバヤ空港で、悪天候の中、B737が着陸に失敗し、機体が大破・炎上する事故を起こしている。

アダムエアは03年に設立され、運賃の安さで人気を集めていたが、06年から深刻なトラブルが続出していた。同年2月には航法装置が故障したままジャカルタからマカッサルまで飛行して、500キロも離れた島に誤着陸したのをはじめ、主脚の破損などの重大トラブルが続発した。

同年にジャカルタ空港で旅客にアンケートを実施したインドネシア消費者協会によれば、

苦情を挙げた３４５人中２０６人がアダムエアに関するものだった。数十社が存在するインドネシアでこれだけ一社に集中するのは異常なことだ。フライトの遅れやチェックインのトラブルに次いで「シートベルトなどの機内装備の欠落」の指摘が多く、18件もあった。同協会のインダ代表は「アンケートは事故を予告していた」と無念さをのぞかせている（『朝日新聞』07年2月27日付夕刊）。

アダムエアは08年3月に、インドネシア運輸省から安全基準を満たしていないとの理由で旅客便の運航を停止させられ、09年2月に経営破綻した。

監督官庁の役人まで買収

米国で有名なのは、格安運賃で人気を集めながらも、安全性に問題のあったヴァリュージェット航空のケースだ。

ヴァリュージェットは93年にアトランタを拠点に2機の所有機で設立され、わずか3年で保有機51機、１日の運航便数３２０便の大躍進を成し遂げた。だが、その実態は身の毛もよだつ酷いものだった。

51機の飛行機は中古市場から経年機を買いたたいて調達したもので、元の所有会社もばらばらなので、仕様も別々なうえ、多くの機体には改修が施されていた。整備は、コストを節約するために、整備会社の中で最も安い見積もりを提示したところに任せ、受注した会社も仕事を安く上げるために、さらに約50社の下請けを使っていた（ちなみに、航空産業の周辺にはメーカーもわからない偽造品や再生された中古部品を格安価格で売買するブローカーが暗躍している）。したがって、コストは最低に抑えられるものの、整備に対する責任は曖昧になっていた。

また、パイロットの年収は機長で約4万2000ドル、航空機関士で約2万8000ドルだったが、通常は会社持ちの訓練費が本人に請求されるうえに、予定どおりに完了したフライトだけが給与の対象になるような制度を導入していた。これでは整備や天候に問題があっても、フライトを強行する気持ちになってしまう（メアリー・スキアヴォ著『危ない飛行機が今日も飛んでいる』草思社）。

空港の華やかな雰囲気とは裏腹に、ヴァリュージェットのトラブルは多発していた。緊急着陸の回数が94年は15回、95年は57回、96年には2月から5月にかけて、ほとんど1日置きに繰り返されていた。そして、96年5月11日、アトランタ行きの592便が管制に「客室と操縦室に煙発生」との連絡を残し、フロリダ州エヴァーグレーズの沼地に墜落して、110

人の命が失われた。原因は、搭載が禁じられている危険物が機内にあり、飛行中に発火したためで、該当機には火災・煙探知機も装備されていなかった。

なぜこのような危ない経営が放置されていたのか。

実は、95年に国防総省の業務受託に応募してきたヴァリュージェットに対して、調査を行った担当者は次のような結果をまとめて、不適格と判断を下している。

「管理能力、職員のレベル、品質保証、整備場、技能訓練、諸検査、各種の記録、マニュアルのすべてにおいて適切な水準に達していない。中間管理職と監督者の役目は不明確で、義務感と責任感に欠けている。機材にたびたび発生する不備を、日々の点検の際に修繕するという事故対策が取られていない。根本的原因を究明して修復するのではなく、一時しのぎの修理で済ませている」。

問題は、このように一部の人々が、ヴァリュージェットの企業体質と危険性を見抜いていたにもかかわらず、民間航空の監督官庁である連邦航空局はなぜ適切な対応をとっていなかったのかということだ。なんと、航空局の幹部がヴァリュージェットに買収され、毎回の査察の結果を握りつぶしていただけでなく、マスコミに「ヴァリュージェットは安全だ」とのPRまでやっていたのだ。

墜落事故のない主なLCC

社名（国籍）	創業年	年間乗客数（万人）	保有機
サウスウエスト航空（米）	1971	10,192	540
イージージェット（英）	1995	4366	161
エア・ベルリン（独）	2002	2856	114
ライアンエア（アイルランド）	1985	5857	183
ジェットブルー（米）	2000	1775	147
エアアジア（マレーシア）	2001	1181	75

年間乗客数の出所：『エア・トランスポート・ワールド』誌09年7月号

この事実は、運輸省の監査総監のメアリー・スキアヴォによって暴かれ、米国社会で大きな反響を呼ぶとともに、疑念を持たれた航空局の幹部は更迭された。

また、ヴァリュージェットは社内体制と機材を一新し、エアトランとして再出発した。その後のエアトランは優秀なLCCに生まれ変わって、活躍している。

ビジネスモデルを確立した社は安全性が高い

一方、ビジネスモデルを確立したLCCの安全性は、押し並べて非常に高く、上の表のキャリアでは墜落事故はいまだにゼロである。

サウスウエストでは着陸時にオーバーランして空港を飛び出し、地上の人を1人巻き添えにした事故、ジェットブルーでは着陸前に前輪が真横になっていて大騒ぎになったトラブルがあったが、パイロットの冷静な対応で乗客に犠牲者は出ていない。特に、サウスウエストは創業年が古く、保有機も500機以上と多いにもかかわらず、墜落事故が1件もないというのは素晴らしいことだ。

さらに、サウスウエストやジェットブルーは米国キャリアの中でも、サービスの質が高い。

米国の運輸省には、利用者からのクレームを受け付ける部署があり、月間または年間で、キャリアごとのクレーム件数、トラブルの内容を「エア・トラベル・コンシューマー・レポート」として公表している。主なトラブルは、手荷物の紛失、フライトのキャンセルや遅延、チェックイン、顧客サービス、過剰予約、運賃、マイレージ制度、広告などだ。

そのレポートによれば、サウスウエストやジェットブルーはクレームの少ないキャリアのトップグループ入りを維持し、手荷物の紛失や遅延も少ない。特に、ジェットブルーは過剰予約による搭乗拒否も非常に少ない。

サウスウエストは創業以来、一度も墜落事故を起こしていない

また、同レポートには連邦航空局の調査による欠航率、定時性のデータもあるが、こちらも良好な数値を維持している。

米国のＬＣＣは、「安かろう、悪かろう」ではなく、「安くて、高い安全性と、高いサービス品質」を維持し、顧客満足度も高いということがわかる。

将来有望な格安ビジネスクラス専用便

大型座席をゆったり配置

格安社は短距離区間で成功を収めたが、短距離市場でのシェアが飽和状態に近づいているため、中長距離路線や国際線にも進出を始めた。

素人発想では、長距離を飛べる機材を調達しさえすれば、可能なのではないかと考えるのだが、ことはそれほど簡単ではない。飛行が長時間になれば、機内食など乗客へのサービスが求められるが、ＬＣＣとしてはこの部分を切り捨ててきただけに、簡単に対応できる問題ではない。

欧米では、座席がフルフラットになる大型シートをゆったりと配置し、全席をビジネスクラス仕様にした格安フライトが登場して人気を集めている。大手キャリアのビジネスクラスの往復運賃が８０００～1万ドル以上もする大西洋横断線に、05年から07年に続々と就航したものだ。これならば、人的サービスの充実度よりも、設備の優越性で競争力を発揮できるので、経験の浅いＬＣＣにもできる。

05年10月には、ニューヨークに本社を置く米イーオス（ＥＯＳ）航空が、Ｂ７５７でニューヨーク―ロンドン（スタンステッド空港）間に就航した。運賃は大手よりも４割程も安い５０００～６５００ドルだが、座席数は通常の４分の１以下で、フルフラットになるシートだけを48席配した。ターゲットは頻繁に大西洋を行き来するビジネス客で、座席周りで数人が集まって打ち合わせできるよう、テーブルは通常のトレー型に代えて長机型を採用した。

05年12月には、マックスジェット・エアウェイズ（本社ダラス）が、１６０度までリクライニングする革張りシートを配置したＢ７６７で、ニューヨーク―ロンドン（スタンステッド）間に就航した。シートピッチは１５２センチで１０２席を備えており、運賃は大手よりも80～50％安い１５００～２０００ドルだ。同社はその後、ロサンゼルスとワシントンからのロンドン線も開設した。

07年1月にはパリのオルリー空港を拠点とするラヴィオン（本社パリ）がパリ—ニューヨーク（ニューアーク空港）間に就航した。使用機はＢ７５７で、１４０度までリクライニングするシートが90席配置されている。

また、同月にはシルバージェット（本社ロンドン）が、ロンドン（ルートン空港）—ニューヨーク（ニューアーク）線を、９９９ポンド（約22万円）で開設した。使用機はＢ７６７で、シートピッチは１９１センチ、倒せばフルフラットになる座席を１００席設置。07年12月からはロンドン—ドバイ間にも１０９９ポンド（約25万円）で就航した。予約から、座席の指定、食事メニューの選択、電子航空券の印刷までオンラインで済ませることができる。通常のチェックインの締め切り時間は45分前だが、預ける荷物がなければ、30分前でＯＫだ。空港にはラウンジも用意されており、セキュリティチェックは専用通路で行われるようになっている。

07年6月にはズーム航空（本社オタワ）がニューヨーク（ＪＦＫ空港）—ロンドン（ガトウィック空港）間に就航した。使用機種は２６６席のＢ７６７で、１９９ドルのエコノミーと、追加料金１７９ドルのプレミアムエコノミーとの構成だった。

燃油高騰が足を引っ張る

同様のサービスはアジアにも広がり、06年10月に就航したオアシス（甘泉）香港航空は、ロンドンまでの最安エコノミー席（1ヵ月前までの予約で）75ポンド（当時のレートで約1万6500円）、ビジネスクラス460ポンドだった。同社は香港初の格安社で、ドラゴンエアを立ち上げた実績を持つスティーブ・ミラー氏が最高経営責任者（CEO）を務めた。使用機はB747－400ジャンボで、エコノミー278席、ビジネス81席の2クラス。エコノミークラスでも追加料金を払えば、食事のランクを上げることもできた。その後、同社は07年6月30日にバンクーバー線を開設した。

このような状況に対応するために、BAは大西洋線で子会社「オープンスカイズ」をつくり、08年6月から専用便の運航を開始。82席のB757を使用して、パリとブリュッセルからニューヨークまで、それぞれの路線で毎日1便ずつ飛ばした。その後ラヴィオンを買収し、増便を図った。

しかし残念なことに、これら格安ビジネスクラス専用便は燃料消費の多い古い機材を使用していたため、高騰する燃油価格に耐えられず、次々と運休してしまった。

イーオスは08年5月からパリ線を、6月にはドバイ路線を開設する予定になっていたが、

08年4月に運航を停止したのをはじめ、シルバージェットも資金繰りに困り、運航を停止した。オアシス航空も経営が行き詰まってしまったため、残っているのはBAの子会社「オープンスカイズ」だけになっている。

原油価格も安定した今、手足を伸ばしながら大洋を越える格安のビジネスクラスを復活させてもらいたいものだ。欧米までのフライトに時間のかかる日本市場でも望まれているだけに、早く日本にも就航してほしい。

LCCの課題

リスクは乗客に

画期的な安さを実現して発展したLCCだが、もちろんいいこと尽くめではない。まずは利用者からの不満を整理してみると、次のような点が挙げられる。

・座席のスペースが狭い

格安社のコストの基本は「できるだけ多くの乗客を運ぶこと」にあるので、座席のピッチ（前後の間隔）が短く、アブレスト（左右の列数）が多い。したがって、1～2時間程度の短時間のフライトでは問題ないが、4時間を超えるような路線では窮屈を覚悟しておかなければならない。また、大きめの人や、隣に大きな人が座ったときには、それなりの心づもりが必要だ。

特に、アブレストはB737やA320など通路が1本の狭胴機では6列（左右に3列ずつ）で変わらないが、通路が2本の広胴（ワイドボディ）機では、基本レイアウトよりも1列増やされていることがある。もっとも、近年ではフルサービス・キャリアでも、短距離路線では座席をぎりぎりまで詰めている例がある。

・キャンセル料が高い

運賃は安くとも、キャンセル料が高いことは頭に入れておく必要がある。通常の航空運賃はキャンセル料が数%程度だが、LCCの場合には半額を徴収されるケースもある。もともと額面が安いこともあるが、一般キャリアの大幅割引チケットや、格安航空券も同様で、中にはキャンセルを認めず、無効になるキャリアもある。したがって、予定が変更になる可能性がある場合は利用を控えたほうが賢明だ。

・座席指定を行わない

基本的に事前の座席指定を行わず、チェックイン順で搭乗するので、希望の席を確保するには早めに空港に行く必要がある。機内では、同じグループで離ればなれになったり、座席の取り合いで不愉快な思いをすることもある。

・機材繰りによる遅延が多い

大手はスケジュールに余裕を持たせたり、予備機を置いているが、ＬＣＣは保有機材を目一杯のスケジュールで飛ばすうえ、空港での折り返し時間に余裕が少ないため、機材繰りの関係で出発時間が遅れることが多い。タイトな旅行スケジュールではリスクがある。

・機内サービスがない（少ない）

ギャレー（厨房設備）を設けずに座席を設置するため、食事や飲み物などの機内サービスはない（または有料）のが基本。ソフトドリンクやおつまみなどが出されるエアラインも例外的にあるが、機内サービスに期待は禁物だ。

・個別のサービスはない

空港での車イスの用意や、特別食（低カロリー食や宗教食）など個別の要望に応える態勢が弱い（車イスなどは有料で対応するケースもある）。事前に確認をしたほうが安心。

・手荷物の無料枠が少ない

無償で預託できる枠が少なく、計量に厳しいので、荷物が多い場合は一般のエアラインのほうが安いケースもある。

・トイレが少ない

座席を増やすためにトイレの数を極力減らしているので、着陸前などにトイレがなかなか使えないこともある。

・サービスが淡泊

個別のサービスを要望したり、旅行に関する質問をしても、対応できないことが多い。また、パンフレットなど説明情報が少ない。サービスや社員教育の範囲を最小にとどめているため、通常のマニュアルをはみ出したことには対応力がない。

・欠航時のフォローがない

フライトの欠航や大幅な遅延などの場合には、一般のエアラインでは代替交通手段の振替や無料ホテルの手配などをやってくれるが、ＬＣＣは運賃の払い戻しだけで、フォロー面での取り計らいはない。

・フライトの欠航、統合などがある

予約数が少ない場合などには、前後の便の統合や欠航などもある。時間の前後ならばともかく、成田出発便と名古屋出発便を統合されたケースもある。

・問い合わせへの対応が不十分

初めての利用には、いろいろ問い合わせをしたくなるが、ＬＣＣはとにかくスタッフの人員をぎりぎりまで削り、広報パンフレットなどの費用もかけていないので、個別対応が不十分だ。ＬＣＣ側もその辺は最初から重視していない。企業としての倫理感、使命感が異なることを理解しておこう。

ＬＣＣは、「旅慣れた人が、プライベートに利用する」エアラインと理解しておいたほうよい。「フルサービス・キャリアと同じサービス、同じ倫理観を安い運賃で利用できる」と考えることは避けたい。その場合は、運賃はＬＣＣ並みにはならないが、大手エアラインの事前購入割引運賃を利用したほうが賢明だ。

また、老舗のエアラインでは、突発の状況が起きた場合のリスク（欠航や大幅な遅延など）はエアラインがとってくれるが、ＬＣＣの場合は乗客が被ることになる。したがって、時間厳守のビジネスなどで利用することは避けたほうがいいかもしれない。

要は、フルサービス・キャリアを利用するつもりで、「安い運賃」のＬＣＣを利用すると期待外れに終わるということだ。

る。

優位性が薄れてきたLCC

さて、昨今、ＬＣＣの先進国では、その優位性が薄れてきていることに注目が集まってい

欧米では、これまでＬＣＣは新規参入のメリットを最大に享受できていた。すなわち、

- 老舗エアラインで解雇されたパイロットや、豊富な専門知識を持った従業員を安い賃金で受け入れることができたが、大手のリストラが一段落したことで、供給源が絞られてきた。
- 売り上げの拡大を目指す外注企業（燃料、整備、地上でのハンドリング作業、機内食、消耗品の納入など）が新規取引に格安価格を提供したが、取引の定着で既存企業と同等の扱いをするようになった。ちなみに、商取引に秩序を重んずる日本では、石油会社などが新規取引だからといって、従来からの顧客よりもはるかによい条件を提示することはあり得ない。
- 単一機種を大量発注することで大幅値引きを引き出せたが、老舗エアラインも同様の取引を行うようになった。

・ハブ空港の誘致のための補助金に厳しい目が注がれるようになった。

さらに、テロや新型肺炎（SARS）、原油高騰、新型インフルエンザ、世界同時不況などによる乗客数の急激な落ち込みは、高い搭乗率を維持することが必要条件であるLCCに大きなダメージを与えた。

フルサービス・キャリアは、サービスの質を上げプレミアムマーケットを獲得することで、量の減少を補う手段があるのに対して、価格だけで勝負するLCCにはそれはできない。

大手との格差は縮小

大手エアラインも、何回かのリストラによってコストが大幅に下がり、LCCとの格差は縮小している。

90年代の米国エアラインは好況に恵まれたこともあって、賃金の引き上げが行われたが、01年に起きた同時多発テロによって航空業界は深刻な不況に陥った。そのため、メジャーのリストラは積極的に行われた。各社は人件費の削減に加え、供給量の削減、機種の統合（アメリカンは12機種を4機種に）など、「聖域なき改革」が実施された。

メジャー6社は02〜03年の2年間に、実額ベースで113億5000ドル（01年の営業費用の14・８％に相当）の削減を行った。特に03年にはアメリカンなど３社で労使間の大幅賃下げが合意され、人件費は33億８０００万ドルが削減された。その結果、メジャー６社の単位当たりの運航コストはＬＣＣの１・44倍から１・36倍へと改善された（前掲『最近の米国航空産業の現状と今後の展望』）。

　だが、メジャーのリストラはそれで終わらなかった。各社は従業員数を２割減らすとともに、04年から05年にかけて労使交渉を行った。ユナイテッドは年間ベースでパイロットと１億８１００万ドル、客室乗務員と１億３０００万ドル、整備士等などと９６００万ドル、ＵＳエアウェイズはパイロットと３億ドル、客室乗務員と９４００万ドル、整備士等などと３億５３００万ドルの賃金カットで合意し、１人当たりの人件費を８％削減した。メジャー６社の人件費は02年から07年の５年間で30％減少し、毎年17億５０００万ドルの節約ができたため、ＬＣＣとの輸送単位当たりの人件費の格差は４分に１に縮まった（同前）。

　これらの結果、米国ではメジャーとＬＣＣの双方に戦略の変化が見られる。メジャーはコスト差の縮小によって自信を取り戻し、フルサービス・キャリアの優位性を生かした戦略を志向するようになった。

　ひとつはＬＣＣとの競合がない路線に軸足を移すことで、ＬＣＣが所有していない長距離線用の機材とサービスを活用して国際線を拡大している。また、国内線では、LCCにはできない手厚い機内サービスを生かして、ニューヨーク―ロサンゼルス間など大陸横断便でファーストクラスのサービスを復活させた（ユナイテッドなど）。ポイントは価格の設定で、かつてのように供給側の論理で運賃を決めるのではなく、旅客目線でリーズナブルな水準に設定した。

一方、LCCはコストの優位性が弱まったことに加えて、シェアが30％になって節目を迎えたため、価格一本槍の戦略の修正を迫られた。ひとつはサービスの改善で、無料のドリンク・スナックの配布を始めたり（スピリット航空）、上級クラスの新設（エアトラン）、座席ピッチの拡大（ジェットブルー）などが行われた。

また、国際線への進出も始まった。USエアウェイズはカナダとメキシコにも進出、フロンティアは根拠地デンバーからメキシコの5都市に翼を広げた。ジェットブルーは中南米のサンファン、サントドミンゴ、サンチァゴへのサービスを開始したほか、新たに100席以下の小型機を大量に購入し、国内の小規模市場にも本腰を入れるようになった。

第4章

日本の空はどうなる？

ＪＡＬの経営破綻を大きく伝えたマスコミ各紙（『読売新聞』、『朝日新聞』2010年1月20日付朝刊）

ＪＡＬの会社更生法適用で大揺れに揺れる日本の航空業界。格安航空はこの好機を逃さず、日本にも進出してきている。ＪＡＬ、ＡＮＡは反撃できるのか、そして格安航空は果たして日本に根づくのだろうか。

高い運賃にしがみついてきた日系キャリア

近未来の日本の空

女子大生のＡさんは、友人３人とタイまで往復５０００円のチケットを使い、卒業旅行を楽しんでいる。２ヵ月前に企画して、マレーシアの格安航空を乗り継いで、タイのプーケットにやってきた。オーストラリアに行くのも同じ値段だったが、友人たちの希望で、プーケットになった。

一方、同級生のＢ君は、東京から福岡に帰省したが、ソウル経由の往復３９００円のチケットを使ったという。

これは、近未来の日本の航空事情を予測したものである。自由化が大幅に進み、海外の格安航空の乗り入れも本格化していることは間違いない。

Aさんのケースは、今でも閑散期にはオーストラリア往復7000円のキャンペーン運賃や、タイ往復1万5000円の格安券が存在するので、驚くには当たらない。それよりも、B君のケースの、東京・福岡往復、ソウル経由で3900円のほうが、インパクトが大きい。

大手の東京―福岡間の運賃は現在、通常で片道3万6000円、4週間前割引運賃でも最低で1万3000円程度なので、往復では2万6000円かかる。これが4000〜5000円に下がれば、日本人の生活が変わる。時間を無駄にできないビジネスマンは大手キャリアの直行便で、時間にゆとりのある学生や退職者は経由便で旅行するパターンが定着するだろう。そして、日中韓でEU並みの航空自由化が実現すれば、外国エアラインが国内線を飛ぶようになるので、東京―札幌線を大韓航空や中国国際航空で旅行することも可能だ。

海外旅行で筆者が最も望んでいるのは、ビジネスクラスの格安便の就航で、欧州まで往復5〜6万円でもいいから、フルフラットのシートで長距離を旅することができるようになることだ。数年前に香港―ロンドン片道最低1万6000円のビジネスクラス専用便があったことからしても、実現可能性は十分にある。そうなれば、企業戦士たちも、1〜2万円の自腹を切ってでも、ゆっくりと身体を休めて出張することができるだろう。
日本の空にも、大きな革命が近づいている。

国の庇護のもとでＩＡＴＡ運賃を堅持

日本人は「国際協定価格」に弱い。「国際」と「協定」が重なると、「公正な」価格であるような印象を持ってしまいがちだが、世界の受け止め方は違う。

国際航空運賃は、長らくＩＡＴＡが世界を支配してきた。ＩＡＴＡは国際航空運送協会の略称で、航空会社の業界団体である。国際航空界には国連の下部組織のＩＣＡＯ（国際民間航空機構）もあって紛らわしいが、こちらは運航規則の標準化、各国の調整など、航空の安全性向上を図る公的機関である。

ＩＡＴＡは各国の航空会社の意思の疎通を図り、利害を調整する協会にすぎない。にもかかわらず、決定事項が厳格に守られるのは、多くの国の政府がその活動を支持し、各国の国内法で擁護してきたからだ。

ＩＡＴＡは第二次大戦直後に英国が中心になってつくられた。最大の目的は「世界の民間航空における秩序ある活動」を維持することだった。自由競争を主張する米国から、自国の航空産業を守る防波堤の役割も担っていたため、各国はＩＡＴＡでの決定事項を国の施策として位置づけたのである。もっとも、当時の各国のフラッグキャリアは、米国を除けばほとんどが国有または国営企業なので、間接的には政府間交渉の場だったといえるかもしれない。

だが、米国は当初から、ＩＡＴＡを国際カルテルと非難していた。確かにＩＡＴＡの運賃会議は、関係するすべてのキャリアの参加のもとに「全会一致」で決定されるので、運賃は最も高い案で決定される。

このような方法に異議を唱えず、すべてを是認してきたのが日本の運輸省（現国土交通省）だ。しかも国交省は一貫して業界、しかも大手エアライン擁護の姿勢で、高い運賃を守ってきた。したがって、日本ではＩＡＴＡの決定が国の決定であり、ＩＡＴＡ運賃は「日本国の公定価格」であった。

消費者意識の高まりの中で、世界の航空政策が利用者に軸足を移してきたにもかかわらず、日本は「大手エアライン中心主義」を変えようとはしなかった。欧米では、実勢運賃が広まって運賃の自由化が進んだが、日本は島国という特性もあり、ＩＡＴＡ運賃を堅持し続けた。

ちなみに、格安航空券や、海外で発券したチケットを使用する輸入航空券についても、日本は「ＩＡＴＡの規則違反」との見解を盾に、徹底的に取り締まった。航空券の海外と国内の価格差は余りにも大きくなってしまったが、利用者の不満には耳を傾けず、エアラインの利益を優先したのである。

世界一高い燃油サーチャージ

近年の航空運賃で不明朗なのが、燃油の値上がりを理由に徴収される燃油サーチャージ（特別付加運賃）だ。もともと原油の急騰などで運賃の改定が間に合わないときに実施される緊急策だったのだが、近年はすっかり定着してしまった観がある。問題は、その額が大きくなったことと、日系キャリアのサーチャージが世界一高いことだ。

昨今の一連のサーチャージの設定は05年1月に始まった。当初は中国・韓国路線で数百円、中距離線1300円、欧米路線で2000円程度だったので、大した負担ではなかったが、時間が経つにつれ価格は上がり、08年7月には、中距離線2万円、欧米路線では2万8000円にも達した。往復で5万6000円では、格安券の場合は運賃本体よりも高くつくという異常な事態である。確かに、近年の原油の値上がりは常軌を逸しているが、サーチャージのかけ方には納得のいかないことが多い。

実際、現場では混乱が多く、「旅行代金を一括で支払っているのに、出発間際に高額なサーチャージを要求された」「修学旅行なので追加料金は徴収できない」など、利用者のみならず、旅行代理店からも悲鳴が上がった。

日系キャリアの決めたルールは、「直近2（ANA）ないし3（JAL）ヵ月の燃油価格（シンガポールでのケロシン〔ジェット燃料〕相場）が70ドルを上回った場合に段階的に付加する」というもので、国交省への届け出によって発効する。

特に問題なのは、エアラインは燃油の先物手配などヘッジ（危険分散）手段を持っているのにもかかわらず、すべてを利用者に転嫁してくることだ（以前は、幼児までも同額を徴収していたが、利用者からのクレームが多く、廃止した）。しかも、運賃は利用するクラスによって差があるのに、サーチャージは一律である。また、日系キャリアが非常に高いのは、利用者の弱みに付け込んだ狙い打ちである。

07年11月には、国際線のIATA運賃を12〜13％も値上げしたにもかかわらず、サーチャージも引き上げた。筆者は著書『航空運賃に異常あり！』（中央書院）の中で、これは「ダブル値上げである」と追及した。その後、サーチャージのテーブルは少々改定された。

日本の当局は昔から、運賃政策に関してはエアラインの主張のままに行う。世界の運輸行政に目を転ずれば、香港やシンガポールのように、観光需要へのダメージを配慮し、自国キャリアにサーチャージの徴収額を低くするよう指導している国、中国のようにサーチャージには燃油相場の上昇分の8割しか転嫁を認めない国もある。

燃油代はエアラインのコストの主要要素であり、本来は運賃に組まれるべきものであることから、不明朗なサーチャージを恒常的に続けることには批判も多い。

驚くべき高コスト体質

日本の航空自由化が遅れたために、日系キャリアのコストは世界のレベルからかけ離れてしまった。キャセイやシンガポール航空など、アジアの大手に比べて2倍、エアアジアに比べて5倍も高い。2割、3割ならばコストの削減で対応できるが、コストを2分の1や5分の1に引き下げるには、コスト構造や仕事の仕組みを変えなければならない。

米国では1978年に、EUでは90年代に自由競争に移行してコストの削減が進んだが、日本では運輸省が規制を維持したため、〝温室状態〟が続いた。温室はいずれ撤去されることが明らかだったが、時間稼ぎをしているその間に思い切ったリストラをすることもなかった。欧米のエアラインは01年の同時多発テロ後の航空不況時に、さらに踏み込んだリストラを行ったが、日系キャリアはその努力を怠ったのである。

航空各社の有効座席キロ当たり（ASK）費用（06年）

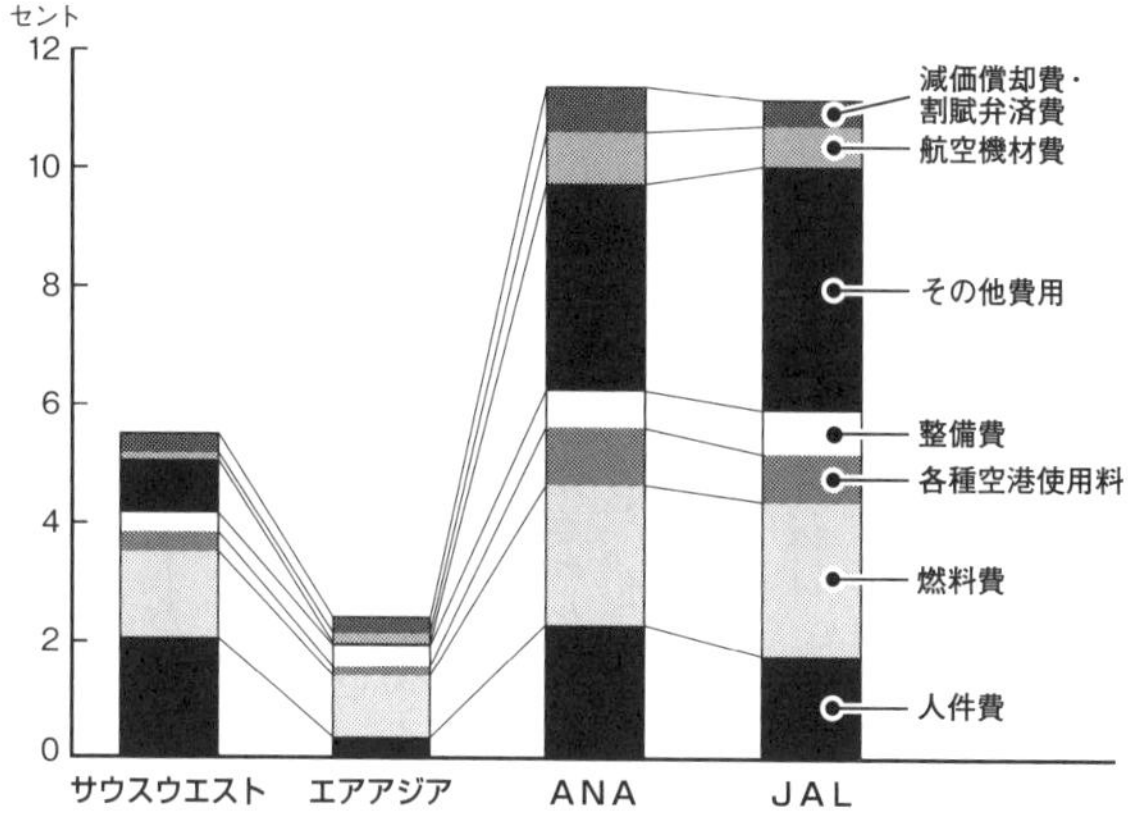

出典：ANA総合研究所『航空産業入門』

日系企業のコストが高い理由は3点に集約される。

第1に、企業そのもののコストが高い。まずは人件費。もともと日本人の給料は相対的に高いが、加えてエアラインが花形産業だったうえ、高い運賃に支えられて賃上げの原資が十分にあったためだ。特にパイロットは慢性的に需要が逼迫《ひっぱく》しており、より厚遇になった。

国内の格安航空のパイロットの平均年収が約800万円であるのに対し、JAL、ANAのパイロットの年収は平均2000万円前後で、月間の就労時間も少ない。また、人件費だけでなく、労働条件、付帯制度、生産性向上のためのコストも見逃せない。通勤にはタクシーやハイヤー（条件付き）での送迎がなされている。

さらに、養成費も企業にとって大きな負担になっている。ＪＡＬを例にとると、組合との約束で、採用されたパイロットが最上位機種の機長になるまでの養成費はすべて会社持ちとされていて、その費用は生涯で約１億円にも達する。

第２に、販売に当たっての流通経費が高いことだ。ＬＣＣと比べると、その高さは際立つ。ＬＣＣは予約やクレジット決済にインターネットなどの電子メディアを使うので販売経費が極めて少ないのに対し、日系大手は代理店制度への依存度が高く、手数料や販売報償金（キックバック）などの費用が嵩《かさ》む傾向がある。

背に腹は替えられない大手は、09年に国際線のチケット販売に支払っていた販売手数料（以前は９％、近年は５％）を表向き全廃したほか、10年からは国内線の手数料（５％）を半減させることにした。今後は、代理店制度への依存度を低減させ、手数料以外の部分で流通を刺激することが求められる。

第３には、公租公課（税金）が高いことだ。日本の空港使用料は世界一高い。着陸料は世界のトップクラスであるうえに、世界にほとんど類を見ない高額な「航空機燃料税」を徴収しているので、フライトの経費に占める公租公課の割合は３割にもなる。

国際線の自由化で、海外のキャリアとの自由競争に踏み出すが、このままのコスト差ではとても戦うことはできない。

「普通」はより高く、「割引」はより安く

近年、一般社員の海外出張規定を、ビジネスクラスからエコノミークラスに引き下げる企業が増えた。経費節約のためであることはもちろん、ビジネスクラスの運賃が高くなったこともその一因だろう。

今日のビジネスクラスのルーツは、81年にBAが始めた「クラブクラス」である。欧州内の短距離路線ではファーストクラスの利用度が低かったため、ファーストと普通席の中間に「クラブクラス」を設定して、欧州内のフライトからはファーストを廃止した。

82年にパンナムが導入した「クリッパークラス」は、ジャンボ機に中間クラスを設定し、それまでB767で使用していたファーストクラスの座席を使ったことから、豪華さが話題になり、予約が増えた。しかし、当初は運賃をエコノミークラスの10％増しに設定したため、企業は「贅沢」と判断し、社員に利用を認めたがらなかった。

ビジネスクラスの利用が急増したのは、料金をエコノミークラスの正規普通運賃と同値に

してからだ。当時、エアラインはエコノミークラス運賃の値崩れに悩まされていた。もし何人かが普通運賃を丸々払ってくれれば採算に乗る。当時の分析によれば、ビジネスクラス客1人の利益は、エコノミー客15人分に相当した。

ビジネスクラスが定着したのを見計らって、87年にIATAは割増運賃を取るようになった（エコノミーを値下げし、ビジネスは据え置いた）。それでも業務利用に支えられてビジネスの客が拡大したため、その獲得を狙って、各社のサービス競争は激しさを増した。

座席スペースの広さとリクライニング角度の大きさもサービスの重要な要素で、最終的にはフルフラットにまで行きついた。だが、フルフラット化には大きなスペースが必要で、「エコノミーの改善」にとどまらず、限りなくファーストに近づいた。事実、中堅キャリアの中には、それを「ビジネス・ファーストクラス」と銘打って、ファーストを廃止したエアラインも多い。

運賃も次第にファーストクラス並みに引き上げられた。当初はエコノミーの10％増しだった水準が、最近では50％増しになり、欧米路線では100万円を超えるようになってしまった。

昨今の不況でビジネス需要は減退しているため、ビジネスクラスの運賃を引き下げたいところだが、ビジネスクラスには大規模な投資を行ったことからそうもいかず、受け皿として、新たにエコノミークラスのサービスを向上させた「プレミアムエコノミークラス」を設定している。

それと同時にエアラインは、需要喚起のために、正規割引運賃の引き下げを図っている。活発に動いているのはＩＡＴＡ運賃が崩壊した欧州線で、09年度冬の成田―ロンドン往復を例にとれば、ＪＡＬが６万円、ＡＮＡが５万９５００円、ヴァージンアトランティックが５万８０００円であり、販売期間限定ながらもＢＡは５万円で売り出した（ちなみに、ＢＡの運賃には欧州内28都市または英国内都市１ヵ所への乗り継ぎが含まれている）。

定価（普通運賃）と格安券との差を解消し、実勢価格に近づけるために導入された正規割引運賃だったが、普通運賃と正規割引運賃との間の格差はますます広がりつつある。

日本で実現しないLCC

新規参入を想定していなかった

航空自由化で先行した欧米は、当然のこととしてエアラインの新規参入を認めたが、日本では「安全性の維持」を理由に、参入障壁を低くしなかったため、新規参入が容易に進まなかった。

米国や英国では新規参入の要件が明示され、申請手続きの書類が整っていれば事業認可が下りたのに対し、日本では要件を満たしていても、「安全性を確認する」との理由で、さらに大掛かりな審査を受けなければならなかった。しかも、安全規則と経済規則の線引きを十分にしなかったため、あらゆることが審査の対象とされた。

当初の申請書類は小型トラック1台分ほど必要で、そこから審査が始まった。日本では35年間も新規参入者がなかったこともあって、審査する運輸省側は、どこまでならハードルを下げても安全性が保てるかの見極めがつかなかったのである。審査自体も手探り状態で、審

35年ぶりの新規参入を果たしたスカイマーク

査基準を内部で検討しながら進めるため、時間は際限なくかかった。

例えば、それまでのエアラインでは、自社の乗員が、自社で保有し整備する機材を使って運航するのが常識だったが、スカイマークとエア・ドゥ（いずれも98年就航）が、リース機と外国企業からの派遣パイロットを使って運航し、整備を外注で行う計画であることが判明したことから、それから「安全を確保するガイドライン」の策定に入る始末だった。

既存社には予備機材を持つことが義務づけられていた。整備点検に十分な時間を確保し、ダイヤの乱れが玉突き状態で拡大することを防ぐためである。ところが、新規参入社は当初は保有機１機からのスタートで、予備機を購入する資金もなか

北海道の人々が立ち上げたエア・ドゥ

った。結局、運輸省は予備機なしでの就航を認めた。それまでの安全基準と、新規会社の事業計画の両方を睨みながら審査した末の結論だった。

審査範囲は不要なところにまで及び、事業の採算性までが対象になった。経営のノウハウを持たない官庁が、民間経営の審査をする能力があるとはとても思えないが、国交省は「収益が上がらなければ、安全性が危うくなる」との見解をとっていた。これでは新規参入などできるはずがない。

こうした背景があるため、欧米では新しいビジネスモデルを考えた企業の参入が相次いだが、日本では数少ない企業しか参入しなかったのである。

成長を阻んだ国交省

国の行政を司《つかさど》る国交省の一番の問題は、新規参入者を育てるどころか、その成長を阻んだことだ。

新規参入キャリアが、最初に直面したのは「参入障壁の高さ」だった。事業認可が与えられても、よちよち歩きの新規エアラインは老舗キャリアと同じ土俵にさえ上れなかった。

例えば、空港の地上施設はすべて既存社に独占され、新規社は使えなかった。チェックインカウンターのスペースを割譲してもらうこともできず、搭乗橋も使えず、新規社の機体は遠い場所に止めて、時間のかかるバスで乗客を輸送することを強いられた。

新規社は既存社にこうした施設の割譲の要望をしたが、既存社は空港との契約を盾に取り合わず、利用者には旅客サービスの違いを強調した。新規社は、「公正な競争」を求めて、監督官庁の国交省に利害の調整を要望したが、国交省の態度はつれなく、「そのような調整は逆に規制をすることになり、自由競争を妨げる」という論理をふりかざし、突き放した。

それどころか、機材整備の外注に関しては、「安全性」を盾に韓国、台湾への発注も認めなかった。新規社は競争相手の大手に整備を引き受けてもらえなければ、事業が立ち行かない状況に追い込まれたのである。逃げ道を封じられた新規社は、やむを得ず国内大手に委託したが、足元を見た大手は、自由競争に足かせを嵌《は》める条項を契約に盛り込むとともに、非常識に高い料金を要求した。

さらに、新規社は価格についても大手の違法な反撃にあった。旅客が新規社に流れ、シェアに影響が出た段階で、大手は新規社と同じ時間帯のフライトだけを同値に割引（マッチング）したのだ。このような狙い打ちは、米国では不当競争に当たるとして禁じられている。新規社は悲鳴に近い非難の声を上げたが、国交省は「自由競争」として放置した。新規社は再度の値下げをするだけの体力もなく、シェアを奪われ危機に陥った。その窮地を救ったのは公正取引委員会だった。

公取委は価格のマッチングは寡占企業が優越的地位を利用して弱者を追い詰める手法であり、「独占禁止法の趣旨に反する」とした。また、参入障壁を放置することは公正な競争の妨げになる、と警告した。

さらに2002年、JAL―JAS統合の構想が公になると、「国内航空の競争が制限され、独禁法に抵触する恐れがある」と計画の再考を求めた。これはJAL―JAS統合の問題にとどまらず、大手中心に進められている航空行政のあり方に警鐘を発したものだった。

そのため、JALとJASは統合に当たって、空港の発着枠や地上施設など、既得権益の一部放出と、整備やグランドハンドリング（地上取扱業務）の開放を受け入れた。国交省もまた、一転して新規社育成の方針（「国内航空分野における競争促進の強化について」02年

４月26日通達）を打ち出した。

だが、方針変更はあまりにも遅かった。新規社の体力の消耗は激しく、エア・ドゥが02年に経営破綻するなど、大きな後遺症を残した。そのため、日本ではＬＣＣが十分に育たず、欧米のように、大手が撤退したあとの需要の受け皿になっていない。

新規のメリットが少ない日本

前述したように、日本の割安社は世界ではＬＣＣと認められていない。コストがそれほど安くなく、運賃が割安なだけだからだ。日本の割安社のライバルは大手のエアラインだが、海外のＬＣＣのライバルはバスである。運賃水準がひと桁違うのである。

これは、スカイマークとマレーシアのエアアジアの収益構造を比較してみるとよくわかる。エアアジアの売上高はスカイマークよりも23％多いだけだが、営業利益は３・５倍もある。販売単価は58％低いにもかかわらず、１座席当たりのコストが63％も少なく、特に採算分岐点は、スカイマークが搭乗率72％であるのに対して、エアアジアは60％だ。

「Ｂ７６７を満席にすることは至難なことで、Ｂ７６７に頼っていては収益は上がらない」（西久保愼一社長）と、スカイマークは３００席の中型機Ｂ７６７から１７７席の小型機Ｂ

737への切り替えを急いだ。運賃を安く設定する割安社にとっては、搭乗率を上げることがなにより重要である。

スカイマークとエアアジアのコストを項目別に比較した航空経営研究所によれば、すべての項目でスカイマークが大幅に上回っており、合計での差は1000座席キロ当たり3・1倍にもなるという。ちなみに、燃油費は1・63倍、機材費は3・37倍、整備費は6・10倍、空港・運送費は8・71倍、人件費は3・94倍、その他は4・23倍だ（赤井奉久「日本にローコストキャリアは成立するか？」『航空と文化』09年新春号）。

自国や近隣で原油を産出するマレーシアに比べ、日本は遠い中東から燃料を買うので輸送費がかかり燃料価格が高くつくだけではなく、1キロリットルにつき2万6000円もの燃料税がかかる。さらに機材は、エアアジアのほうが発注規模が桁違いに多く、稼働時間が少ないスカイマークは不利である。空港・運送費は何といっても国内の空港使用料の高さが如実に反映し、人件費には両国の賃金水準の差が如実に表れる。サービスや流通での販売経費などの違いもコストに反映されている。

米国などの商取引の習慣では、新規の取引先に対しては、その将来性に期待して破格の好条件を提示することもあるが、日本国内では従来からの取引先に配慮するので、そのような条件が提示されることはない。むしろ、取引量や実績などの面から不利になることが多い。エアラインも例外ではなく、その典型的な例は機材にかける保険だった。新規参入社は、参入当初は安全性が証明されていないとして、既存社よりもはるかに高い保険料を徴収されたのである。

日本において新規参入の割安社が既存社に比べて優位に立てるのは、過去に捉われることのない人件費や流通経費ぐらいだ。割安社の給与は厳しく管理されている。パイロットも小型機の操縦免許を取得した免許取得者を採用し、養成費の負担を最低限にとどめようとしている。

したがって、日本の実情をふまえた画期的なビジネスモデルが開発されない限り、新規参入者が（大手に比べて割安な運賃を導入することは可能なものの）海外のＬＣＣ並みの格安運賃を設定することは無理である。

ＡＮＡが子会社のＬＣＣを設立する検討を行っているが、海外のＬＣＣとの合弁でつくらない限り、際立った低コストキャリアを誕生させるのは難しいだろう。

日本市場を狙う外国エアライン

「非正規」の弱みの格安航空券

日本にも、格安航空券は存在している。海外旅行に行く若者などの味方となって、広く利用されてきた。冬のオフシーズンには、東京―ニューヨーク間が往復で2万9800円などというものもある。エコノミークラスの普通（Y2）運賃62万3400円に対し、実に95％引きだ。

だが、こうした運賃は真冬などシーズンオフに限定されるうえ、発券元のエアライン自身が認めていない「非正規運賃」だ（エアラインの公式的な説明では、「団体パックツアー用に卸すものの一部が解体されて、格安航空券として出回る」ということだが、実際には処分に困ったエアラインが意図的に流すものもかなりある）。無事に離陸してしまえば、すべての乗客は同じように扱われるのだが、その前の段階でトラブルが生ずると「非正規」の弱みが露呈する。

例えば、直前までキャリアが確定していなかったり、座席が保証されていないことが多い。予約が最初から定員に満たなければ問題は生じないが、もし過剰予約だった場合は、真っ先に切られる羽目になる。

一般的に国際線の締切時間は、上級クラスが45分前、エコノミークラスが60分前（空港によって異なる例もある）と定められている。だが、席が埋まっていなければ、エコノミークラスの格安運賃客であっても、5〜10分程度の遅刻なら黙認し、係員が誘導してくれる。

しかし、定員オーバーのままで出発日を迎えたフライトでは、調整は係員の裁量に委ねられ、狙われるのは「非正規運賃」客になる。エアラインのスタッフは、「自らが与り知らない手段で発券された非正規」チケットであることを逆手に取る。搭乗を断る際に、最もよく使われる理由は「チェックイン時刻が遅い」ということだ。多くの格安航空券使用客はチェックイン時刻の遅さを指摘されると、それだけで引き下がってしまう。もしルールを知っていて反論しても、「非正規客には通常ルールが適用されない」と告げられれば、それまでだ。

このような実情を熟知している旅行会社は、パッケージツアー客の座席を確保するために、2時間前の集合を呼びかけ、早めにチェックインを済ませようとする。チェックインを済ませた乗客を降ろすには手間がかかるし、3人分の座席を空けるために30人の乗客を降ろすことなっては、元も子もない。エアラインのスタッフとしても、業界の事情を熟知しているコンダクターと戦うのは面倒なので、そうなると搭乗を断る対象は専ら個人の格安航空券客となる。

「非正規」の格安航空券は、正規運賃と実需との乖離が大きい日本市場の特異さから生まれたもので、エアラインとしてもなくしたいのだが、正規の航空券が販売不振に陥ると格安航空券に頼ってしまう。それが航空業界全体を歪めていたのである。

打開策として期待されているのが、「悟空」（JAL）、「とび丸」（ANA。現在は「エコ割」）などと名づけられた「正規割引運賃」だ。94年に運輸省の肝いりで登場した。IATAの運賃メニューに則ったもので、販売促進用として認められている「特別回遊（名称はゾーンペックス）運賃」である。

当初はあまり安くはなかったが、「正規運賃」なので座席が確実に確保されるため、「非正規」に不安を感ずる女性客などの支持が多く、エアラインは自信を深めた。外国エアラインを含めて導入するエアラインが増えるにしたがって運賃は下がり、ピーク時（商盛期）にはむしろ格安券の相場を下回るほどになっている（格安券は需給関係を実直に反映するために、商盛期と閑散期の価格差が大きく、正規運賃は大きく変化しないので、このような現象が起こる）。こうしたこともあって、「在庫処分」のための閑散期の格安券は依然として出回っているものの、通常期や商盛期には「正規割引運賃」が定着した。

関西から始まる格安運賃

昨今話題になっているＬＣＣの運賃は、「正式運賃」であることが重要だ。エアラインからすると、航空券は便を指定しているので、乗客を確実に固定でき、オーバーブッキング（過剰予約）を少なく止めることができる。一方、一般エアラインの正規「普通運賃」のチケットは一年間有効で、何回でも予約の変更ができるため、乗客の流動性が高く、まとめて代理店に卸《おろ》すために販売状況がつかみにくい。そのため１００～３００％ものオーバーブッキングを設定している。

さて、「正規」の国際格安運賃は関西市場のほうが先行している。成田は発着枠が不足していて新規キャリアの乗り入れが難しく、需要が逼迫しているため、あまり価格を下げなくてもチケットがさばけるからだ。

ＬＣＣとして最初に日本に就航したのは、オーストラリアのジェットスターだった。07年3月に関西国際空港（関空）への乗り入れが決定し、06年の夏に就航記念キャンペーンとして、東京―シドニー往復2万円のチケットを販売した。関西では話題沸騰、若者を中心に大人気となった。

何しろ当時のＪＡＬの「正規割引運賃」の最安値（「悟空35」）６万２０００円の3分の１以下。オーストラリアでの販売価格はさらに安く、１７４豪ドル（当時の為替レートで１万５２４０円）で、発売日には１時間に１万５０００件もの電話が地元から予約センターに殺到し、回線がパンクしたほどだった。

だが、この魅力的な価格はすぐに消えた。国交省が「30%ルールに違反している」とクレームをつけたからだ。国交省の主張は、ＩＡＴＡのエコノミークラスのペックス（回遊）運賃は20万円であり、日本の30%ルールによるゾーンペックス運賃は最低でも６万円なので、それ以下では認めない、というものだった。

全面自由化になっているオーストラリアでは考えられない事態にジェットスターは政府に泣きつき、オーストラリア政府は日本政府に善処を申し入れた。しかし、国交省は両国の航空協定で「運賃は両国政府による認可」と明記されていることを盾に受け流した。日本では規制緩和が全く進んでいないことを思い知らされた一件だった。

しかし、08年3月に「30%ルール」が廃止され、外国エアラインによる格安運賃の攻勢が始まった。

08年11月にマニラから関空に乗り入れたフィリピンのＬＣＣ、セブパシフィック航空（96年創業）は、マニラ―大阪間で正規割引運賃の半額以下の片道１万３０００～１万４０００円の運賃を設定しており、期間限定で約４０００円のバーゲン運賃も販売している。さらに、フィリピンからは95年にアジアンスピリット航空として創業し、08年に買収されて社名を改称したゼスト・エアも、マニラと大阪（週４便）及び福岡を結ぶ路線に就航する意向を表明している。

ジェットスターのバーゲン運賃の広告

08年12月に成田発着のケアンズ線、ゴールドコースト線を開設したジェットスターは、08年12月には往復８０００円の運賃を、09年３月には７０００円運賃のチケットを販売した。これらの運賃は、搭乗日が限定されているうえに、販売は広告当日のみという制約の多い設定だったが、海外のＬＣＣの運賃水準を知るには十分なものだった。

そして、本書の「はじめに」で紹介したように、09年12月に関空―ケアンズ往復100円運賃が登場した。運休していた同線を2010年4月から再開するためのPRの一環で実施されたものだったが、3桁の航空運賃が販売されたのは、日本で初めてだった（搭乗には燃油サーチャージと航空保険料で約2万円が別途必要）。

さらに、海外LCCとしては3社目となったチェジュ航空は、大韓航空やアシアナ航空よりも3割安い運賃で、09年3月にソウルから関空と北九州に乗り入れを始めた。いよいよ海外LCCの上陸が始まったのだ。

虎視眈眈と狙うエアアジア

「30％ルール」の廃止は海外LCCの注目を集めることになった。日本市場は規模が大きく魅力的ではあるものの、運賃規制のため、価格で勝負するLCCの活躍余地は少なかったが、規制緩和で俄然参入意欲が高まったのだ。

具体的に動き出したのはエアアジアXで、08年に市場調査に来日したトップは、09年度から首都圏へ、10年度から札幌、名古屋、大阪、福岡へ就航する意思を表明した。クアラルンプールまでの運賃は90米ドル（約9000円）、就航キャンペーンには25ドル運賃も用意するという。

クアラルンプールまで行けば、エアアジア・グループの路線は東南アジア、オーストラリア、欧州に展開しており、ＬＣＣを乗り継いだ世界一周も可能になる。マレーシア発の乗客を増やす方策として、エアアジアから要望された日本入国ビザの条件緩和も検討が進められている。

エアアジアＸの動きに敏感に反応したのは地方空港だ。ＬＣＣの乗客を取り込めれば活性化につながるとして、各地の自治体や空港ビル会社が、入れ替わり立ち替わりクアラルンプール詣でを行った。

もっとも熱心なのは10年３月11日に茨城空港の開港を控えた茨城県だ。本命のエアアジアＸの誘致を図るために空港の整備計画を変更し、旅客ターミナルをＬＣＣ向けに設計変更するなど強いラブコールを送っている。茨城空港は都心から80キロ離れているものの、高速道路を整備すれば、自家用車やバスでのアクセスが便利になるので、首都圏のＬＣＣ空港としての道が開けるのではないかと県は期待している。水戸と東京駅を結ぶ高速バスを茨城空港に立ち寄らせれば、１時間半程度でアクセスできるというわけだ。

だが、就航計画は少々足踏みしている。日本各地の空港からのラブコールに増長したのか、エアアジアXが各空港を天秤にかけて、露骨に助成金の釣り上げを図ったことから顰蹙を買い、交渉が中断してしまったのだ。

いずれにせよ、エアアジアXが近い将来日本に乗り入れてくるのは間違いない。具体的な就航スケジュールは、近いうちに明らかになることだろう。

解禁になった韓国の国際LCC

今後、日本市場に最も大きな影響をもたらすのは、韓国のLCCと考えられる。クアラルンプールから日本までの飛行が6〜7時間を要するのに対し、日韓の都市間の飛行時間は1〜2時間と近い位置にある。また、日本は韓国と両国間の往来を自由化する「アジア・オープンスカイ」を認めている。現に韓国キャリアは日本の27空港に乗り入れている。つまり、競争力があれば、日本全体に攻勢をかけられる位置関係にあるのだ。

だが、韓国がまだ日本市場に攻勢をかけていないのはなぜか。実は韓国も日本同様、国内で老舗キャリアとLCCとの競合が深刻な問題を引き起こしているのだ。

新規の国際エアラインを積極的に認めると、影響が大韓、アシアナといった大手に及ぶため、政府はこれまで慎重な姿勢に終始していた。新規の国際エアラインの運航資格を取得するには、資本金や機材のほかにも、国内線で2年間に2万フライト以上の無事故運航の実績を示す必要があるなどの高いハードルを設定し、参入を抑制してきた。したがって、大韓、アシアナに次ぐ韓国キャリアとして日本に乗り入れたのは、財閥愛敬グループのチェジュ航空だけだった。

韓国の航空事情で興味深いのは自治体の動きで、仁川市は07年にシンガポールのタイガー航空と合弁のＬＣＣを立ち上げる決定を行った。設立資本２００億ウォンの51％を仁川市と仁川観光公社が、タイガーが49％を出資し、仁川側が国内の許認可を取り付け、タイガーが事業のビジネスモデルと運航業務を担当する計画だった。

だが、韓国政府が同事業に消極的な姿勢を見せて認可の見通しが立たないことや、経済危機による航空不況で本体の事業に余裕がなくなったことから、08年末にタイガーが計画の中止を申し入れた。計画の撤回を余儀なくされた仁川市は、大韓航空とジンエアー（大韓航空の子会社であるＬＣＣ）を仁川拠点に活動させることで、業務協約を結んだ。大韓航空は、ジンエアーの本社をソウル市から仁川市に移し、仁川市は十分な事業展開をできるよう支援することで合意した。

一方、規制の緩和を求める声は強まり、韓国政府は09年10月に大幅な条件緩和を行った。

そして、資本金150億ウォンと3機の機材を所有すれば参入することが可能になった。これを受けて、ジンエアーは09年12月に仁川―バンコク線に就航し、韓国4番目の国際線キャリアになった。10年には大阪、マカオ、威海（中国）、グアムへの路線が就航する予定だ。

また、アシアナの子会社のエア釜山は、アシアナとのコードシェアで、10年3月29日から釜山―福岡に、4月26日から釜山―関空に就航する。福岡からの往復運賃は同区間の高速船ビートルの割引運賃とほぼ同水準の1万5500円だが、就航記念運賃は9900円で販売した。さらに、全羅北道に基盤を置くイースター航空は、09年に就航1年で国内線の売り上げ500億ウォン（約40億円）を達成し、10年は清州／済州―上海／瀋陽線や日本（四国・九州）路線の免許取得を計画している。これらの動きに対して、チェジュ航空は、すぐさま反撃に移り、09年10月からは大阪線の最低運賃を往復12万ウォン（約9200円）に、北九州線を10万ウォンに引き下げた。同時に搭乗率との連動運賃に切り替え、搭乗率が10ポイントアップするごとに、運賃が1万～3万ウォン引き上げられる仕組みを導入した。

さらに、チェジュは市内に近い金浦空港発着の大阪線、名古屋線の権利も1便ずつ獲得し、金浦―関空線への毎日の就航を実現した。こちらもインターネット予約で、往復12万～20万ウォン（約9200円～1万5000円）という安さだ。名古屋線（中部空港）も10年3月

29日に開設した。チェジュ航空は強気の経営計画を進めており、２０１３年には保有機Ｂ７３７－８００を15機に、就航都市も13都市に増やし、日本への乗り入れも拡大するという。活発化している韓国キャリアの動向から目が離せない。

オープンスカイで日本はどう変わる？

10年越しだった懸案

現行の日米航空協定は戦後間もない１９５２年に締結され、改定を重ねられてきたが、98年の暫定合意からも10年以上が経過していた。当初の「不平等さ」は徐々に解消されつつあるものの、相手国から先に輸送できる「以遠権」では米国が格段に有利な権益を持つ。米国はすべての権利を自由にする「オープンスカイ政策」の導入を主張し続けてきたが、日米間の企業力の格差に懸念を持つ国交省によって拒絶されてきた。

これまでの協定の特徴は、就航できるエアラインが限られ、すべての権利を持つ「先発キャリア」と、制限を課せられている「後発キャリア」の2種類に分けられていることだった。

日本側はJAL、ANA、NCA(日本貨物航空)、米国側はデルタ(ノースウエストの権益を引き継ぐ)、ユナイテッド(パンナムの権益を引き継ぐ)、フェデックス(フライング・タイガー・ラインの権益を引き継ぐ)が「先発キャリア」に認定され、アメリカン、コンチネンタルは不利な「後発キャリア」の地位に置かれている。

自由化されれば、アメリカン、コンチネンタルも位置づけのうえでは先発キャリアと同格になるが、成田や羽田などの空港発着枠の獲得は別次元での交渉事項になるので、すぐに格差は埋まらない。

2000年代に入ってたびたび協議が行われ、「原則オープンスカイの実現を目指す」とは謳われたものの、両国間の主張の溝は埋まらず進展はなかった。米国側が即時の全面自由化を主張したのに対し、日本側には受け入れの意思がなく、逆に米国が持つ成田の発着枠(全体の28%に達する)の一部返還を求めていたからだ。ところが、「アジアゲートウェイ構想」以降、国交省も航空自由化を目指す方針を明確にし、また民主党がマニフェストで「オープンスカイ政策」の導入を掲げたことから、事態は動き出した。

09年夏から再び日米で協議を繰り返したが、もっぱら問題になったのは、航空協定とは別次元の事項だった。米国は国際化の決まった羽田の発着枠を大量に求めたのに対し、日本側は成田枠の一部返還と、アライアンスに対する米国独禁法の適用除外の運用の確約を求めたのだ。日系キャリアとしては、アライアンスによる提携をより深化させられれば収益の面でもプラスになるが、「完全自由化」が実現していないことを理由に米国が適用除外を拒否すれば、日系キャリア（特にＪＡＬ）の経営にも重大な結果を及ぼすからだ。

協議はこれらの「サイドテーブル」の詰めの交渉で手間取ったものの、最終的に折り合いがつき、09年12月に合意に達した。施行は10年10月と見込まれている。

今回まとまった主な内容は、①両国間の航空輸送を自由化する（航空協定の改定）。ただし、運賃の事前承認制は継続する、②羽田の深夜・早朝の発着枠の中から、日米路線に８便（往復）を認める、③成田における米国キャリアの発着枠を28％から25％に削減し、将来的にはさらに減らすことも検討する、④「オープンスカイ政策」導入後に、アライアンスメンバーの日本キャリアに独禁法の適用除外を認める、などだ。

運賃の自由化は含まれず、改定には事前の届け出と両国政府による承認が必要なことから、完全な自由化にはなっていない。この点は、米国が世界各国と締結した「オープンスカイ政策」とは乖離したもので、それを前提に独禁法の適用除外を認めるというのだから、米国がよく譲歩したものだと思う。

協議の合意を受け、米国キャリアは新たな日本路線の申請準備に取りかかり、アライアンスメンバーの日米キャリアは運航体制の統合の検討に入った。これまで参入の意思を表明していなかったサウスウエストなどのLCCにも就航の可能性を開くことになる（ただし、日本の国交省は格安運賃を当面認めないだろう）。

就航便数が増えることで運賃相場は下がり、運賃テーブルは弾力的になるので、利用者にはプラスになることは間違いない。米国運輸省の調べによれば、米国―欧州間では、「オープンスカイ政策」導入後に運賃が20・1％下がったほか、利便性が向上したことにより、路線によっては乗客が2倍に増えたケースもある。これは運賃の自由化を実現した結果である。利用者の利便性を考えるならば、日本も早く運賃を自由化しなければならない。

すでに世界では、90ヵ国以上が米国との「オープンスカイ協定」の締結を果たしているが、米国とEUの間では「資本の自由化」「国籍条項の自由化」なども協議のテーマに取り上げられるなど、さらに進んだ内容になっている。

日系エアラインのメリット

国際エアラインが少なく、定期便の就航社がすべて「先発キャリア」に認定されている日

ANAはスターアライアンスに加盟している

本側企業にとって、「オープンスカイ」のメリットは、果たして何なのだろうか。

最大のメリットは、アライアンスの運用の自由度が増すことだ。現行ではアライアンスパートナーでも、独禁法に抵触しないよう、別々の企業として活動することが求められているが、独禁法の適用から除外する特例が認められれば、運賃のプール制（両社の運賃収入を一元管理して配分）の導入、ダイヤの調整、営業拠点の統合など提携の深化が可能になる。

そのため、スターアライアンスのANA（日米間での旅客数シェア10％）、ユナイテッド（同13％）、コンチネンタル（グアム・サイパン線のシェアが高く、同15％）の3社は新たな組織を設け、日米路線を統合する予定だ。それによって、コストが削減できるほか、リスクを共同分担できるため、発着時間を分散するなどバランスのよいダイヤ設定も可能になって、他社のシェアを獲得しやすくなる。利用者からすれば、これまで各社の発着時間帯が集中して、時間をあまり選べなかったのが、選択範囲が広がり、就航都市も増える。

もちろん、ＪＡＬもアライアンスメンバーと同様な行動をとるだろうし、日系キャリアのメンバーがいないアライアンスはアジアで猛烈な巻き返しに出るだろう。これまで、欧州に主眼を置いていた米国キャリアの関心をアジアに向けさせ、競争が激化すれば、新たなサービスや運賃が生まれるはずだ。

ところで、先行して91年に「オープンスカイ政策」を導入した韓国の動向は、どうなっているのだろうか。事前の予想では、圧倒的な航空力で勝る米国キャリアによって壊滅的状況に陥る危険性もあるといわれていたが、韓国キャリアは10年間で地位を逆転させた。

韓国キャリアは、当初は米国キャリアによる増便、新規乗り入れで苦戦した。しかしコスト競争力（ウォン安のプラス材料）とサービスのよさで劣勢を跳ね返した。デルタは韓国から撤退してスカイチームの大韓とのコードシェアに任せ、ユナイテッドはスターアライアンスのアシアナへの依存を高めて自社運航便を停止した。韓国で長年の歴史を持つノースウエストさえ、スカイチーム入りした後は大韓を頼って自社運航を減らした。

大韓とアシアナが「オープンスカイ協定」を活用して直行便を大幅に増やし、日本からの以遠権も使用して米国への乗り入れ便を増やしたのに対し、米国キャリアは自社運航便を大幅に縮小した。現在ソウルに乗り入れている米国キャリアは、アライアンスパートナーのいないアメリカンと、ノースウエストと合併後のデルタだけだ。デルタは成田のハブ機能を強化し、ソウルは目的地のひとつとしてしか扱っていない。

米国キャリアの成田とソウルの位置づけの違いが浮かび上がるが、同時に、この20年間の米国主力キャリアの衰退ぶりも鮮明になる。

ＪＡＬをめぐる米社の争奪戦

航空協議と並行して、デルタとアメリカンによるＪＡＬの争奪戦が激化している。

ＪＡＬはメンバーに対する「縛り」が緩やかな点に魅力を感じ、グローバルアライアンスの中からワンワールドを選択した。スターアライアンスはあらゆる分野でルールの標準化が義務づけられているが、ワンワールドは各社の自主性を尊重しているのに加え、他アライアンスメンバーとの提携にも寛容だ。ＪＡＬは以前から２社による個別提携を数多く結んでおり、ワンワールド加盟後も、スカイチームのエールフランス、アリタリア、チェコ航空、スターアライアンスのタイ国際、ニュージーランド航空などとの提携を継続している。

アジア市場への進出が遅れ、ネットワークの弱いアメリカンにとってもＪＡＬの存在は頼もしい。日米間だけでなく、アジア一円への輸送が可能になるからだ。ＪＡＬと香港のキャセイがアジアでのワンワールドの要になっている。

ところが、ＪＡＬの経営危機に乗じて、デルタがアライアンスの鞍替えを狙って動き出し、国交省が積極的に後押しする気配を見せ、両社の動きはヒートアップした。日本市場でパートナーのいないデルタにとって、５００億円程度の資金でＪＡＬをスカウトできるならばソロバンに乗るからだ。

驚いたのはアメリカンだった。ＪＡＬはワンワールドのメンバーとして安定しており、ＪＡＬサイドからの不満も出ていなかったから安心し切っていた。日米間で８％の便数シェアしかないアメリカンも、21％のシェアを持つＪＡＬと一緒であれば他のアライアンスと拮抗したシェアを維持できている。だが、ＪＡＬをスカイチームに引き抜かれると、一気に劣勢に立たされる。防戦一方では不利だと判断、投資ファンドから資金を調達するなどして、猛烈な挽回工作に出た。

ＪＡＬの社内と、再建を支援する企業再生支援機構は、日米間とアジアでの重複路線が多く、合理化効果を期待できるので、デルタとの選択（スカイチームへの移籍）に傾いたが、障壁となったのは移籍に伴って発生する費用と、米国の独禁法だった。費用はコンピューターシステムの接続など最大30億円程度だが、デルタが補塡を約束し、独禁法に関しては、日米オープンスカイの合意によってクリアすべきハードルは一気に下がった。

一方、ワンワールドにとどまれば、アジアの主力メンバーとしての役割は大きく、長期的には発展余地が大きい。スカイチームに移籍すれば、アジア路線はデルタ、大韓、中国南方と分担するために、合理化効果は大きい反面、ＪＡＬの存在感は希薄になるが、ワンワールドでは太平洋線はＪＡＬが主体になるうえに、アジアをＪＡＬとキャセイパシフィックで担当する（中国東方が加盟する可能性あり）ために、ＪＡＬの重要度は増す。いずれのアライアンスでも、効果を高めるために米国独禁法の適用除外の特例措置を受ける必要があるのだが、アメリカンはＪＡＬとデルタが共同で申請を出せば異議を唱える意思を表明、異議が出されると裁定には数年間かかるため、ＪＡＬの更生は間に合わなくなると主張している。

最終的には、新たに就任した稲盛和夫会長が判断し、スカイチームへの移籍には手続きと準備に時間がかかって、更生期間中に成果を反映させることが難しいため、ワンワールドに残留することになった。

羽田の国際ハブ空港化

09年秋の前原誠司国土交通大臣の発言で騒ぎになったのが「羽田の国際ハブ空港化」だ。羽田は10年秋の第4滑走路の完成を機に、一部国際定期便の開設が決まっている。発着枠の範囲内で、日中は香港までの距離（約3000キロ）以内のアジア路線、深夜・早朝は距離の制限なしで認められることになった。

前原発言の趣旨はこうだ。首都圏のハブは国際・国内で分離されているためにパワーが削がれ、東アジアのハブ空港の地位をソウル・仁川に奪われている。事実上、仁川の支線になっている日本の地方空港の国際線の需要を首都圏に取り戻し、アジアにおける日本の存在感を高めるためにも、東京都心に近く、国内線の路線網が整っている羽田を日本のハブ空港として、優先的に整備する、というわけである。

今まで「首都圏の国際空港は成田」と規定されてきた日本の空港政策だが、国際ハブ空港が再拡張を機に羽田に移ることになれば、大きな転換となる。

これには千葉県サイドから猛反発が起こり、前原大臣と森田健作知事が会談し、「首都圏

東アジアのハブの地位が脅かされ始めた成田空港

の国際線は成田と羽田で補完し合い、一体運用を図る」との見解で合意した。会談後に森田知事は「国の政策は変わらない」と発言したが、前原大臣は記者からの確認に答えなかった。形の上では収拾が図られたわけだが、世間には改めて、首都圏空港の不便さと空港政策の不自然さを認識させた結果となった。

国交省は一体運用を促進するために、両空港間の鉄道アクセスの改善策（日暮里発着の成田新高速鉄道の東京駅乗り入れや、新線建設による都営浅草線でのアクセス時間短縮）のとりまとめを急いでいるが、前原大臣は羽田の国際線のさらなる拡大策の検討を指示しており、羽田の国際化の流れは既定路線になった。

世界でも、同じ地域にある複数空港をどのよ

国際化で脚光を浴びる羽田空港

うに運用するかは大きな課題になっている。各国の首都圏では、パリが2空港、ニューヨーク3空港、ロンドンが4空港を使用しているが、国際と国内で線引きしている例はない。大方は、従来からある空港は近・中距離路線、新たに建設される空港（アクセス時間がかかる）は長距離路線を中心に運用されている。これは複数空港の棲み分けと、地域住民の利便性を考慮した結果だ。

日本の首都圏は、パリ、ニューヨーク、ロンドンの都市圏よりもはるかに面積が広く、はるかに多くの人口を有している。利用者は、空港まで長い距離のアクセスを強いられているのだ。

将来の首都圏の空港は、成田（北・東部）、羽田（中央・南部）、共用化が期待される横田

（西部）の地域別空港を中期的に整備し、すべてを国際空港としたうえで、長・中距離国際線を中心とした成田、短・中距離とロンドン、ニューヨークなどのビジネス国際線と国内線を受け持つ羽田、ＬＣＣを含む短距離国際線と国内線を受け入れる横田と、分けるべきである。

そうすれば、首都圏の住民は、少なくともアジア一円に行く場合は、近い国際空港から出発できる。ビジネス需要は羽田、観光需要は成田と、大まかな棲み分けも可能になる。

羽田のハブ化で大きな影響を受けるのは、成田に最大の国際線基地を構築したＪＡＬと、成田をアジアのハブと位置づけている米国のキャリアだろう。ＪＡＬは国の「国際線は成田」の方針のもとに、成田を国際線の本拠地と位置づけ、多額の資金を投入して整備工場、訓練・運航施設、乗員基地を整えてきた。羽田にそれなりの施設を建設することは、二重投資になるため、ＪＡＬは「国際線は成田」の方針の継続を支持しているが、他方、ＡＮＡにとっては、基本施設は羽田にあるので、「羽田の国際ハブ」はかえって都合がいい。

一方、米国キャリアは首都圏の使用空港が分散することを恐れている。これまでデルタ、ユナイテッドは成田で、発着枠の多さに加え、都合のいい時間帯に発着枠を集め、日本のみならず、アジア一円とアメリカを行き来する旅客を乗り換えさせてさばいてきた。しかし、発着枠が2空港に分断されると、ハブ機能は分断され効果が半減する。かといって成田だけに固執すれば、羽田発着の他社便に対抗できなくなる可能性が高まる。

両社は成田のハブ機能を羽田に移すために、成田で使用している発着枠数を羽田に確保するよう求めているが、羽田にそれを受け入れる容量はない。この10年の日米航空交渉の場において、日本は成田で米国キャリアに「与えすぎた」発着枠の返還を求めてきたので、羽田で認める枠と合算しても減らしたいくらいだ。

日米の主張はなかなか歩み寄れないが、羽田のハブ化は、太平洋線市場でこれまで劣勢だった日本の地位を挽回する可能性を秘めている。

JALの経営はどうなるのか

JALの経営破綻がいよいよ現実になった。JALは2010年1月19日に会社更生法適用を申請し、裁判所は更生手続きを開始した。今後は会社更生法のもとで、企業再生支援機構の支援を受けながら再建を目指す。

国交省は当初、官民が出資を折半している企業再生支援機構のもとで、金融機関の協力を得る中での再建を目指したが、整理が必要な債務があまりにも大きく、結局、法的整理に落

退役が急がれるようになったジャンボ機

ち着いた。主要会社の日本航空インターナショナルとジャルキャピタルを含めた3社の負債総額は2兆3221億円に上り、事業会社として過去最大の規模である。

財務は更生法の申請時点で、8676億円の債務超過に陥っているが、7300億円の債権を放棄してもらい、当面の資金繰りに、機構と日本政策投資銀行から6000億円の貸し付けを受ける。その後、8～9月に予定される更生計画の決定を経て、資本の100％減資、機構による3000億円規模の増資に踏み切る段取りだ。

更生計画では、「日本・アジアを基点とし、筋肉質かつ柔軟性を兼ね備えた安全・高品質な航空ネットワーク・キャリア」を目指している。09年度は売上高1兆4008億円で2651億円（見通し）の赤字だった決算を、３年後の12年度には売上高1兆３５８５億円、１１５７億円の黒字に転換させる計画だが、再建への道は平坦ではない。

航空事業と周辺事業の縮小で計画の実現を目指すが、空運は国内外の不採算路線から撤退し、関連事業は航空事業に集中し、グループ関連会社を10年度中に１１０社から57社に削減する。それに伴って、５万１８６２人いるグループの人員を1万５６６１人減らし、現在37機を保有しているジャンボ機と16機のＭＤ—90を14年度末までに退役させ、燃費効率の良い33機の中小型機と、17機のリージョナルジェットに置き換える。

国際線は、観光路線など14線から撤退し、収益性の高いビジネス路線に集中する。他社とのコードシェア便を極力活用して自社運航便を減らし、生まれる資源を羽田発着の欧米線とアジア線に投入する。懸案のアライアンスは、先述のように、路線の重複が多くリストラ効果の大きいスカイチームへの移籍が前提になっている。

また、海外の格安社の攻勢が激しくなる情勢に対応する態勢の整備も更生計画に掲げている。具体的には、国内の低価格便として運航しているジャルエクスプレスを国際線にも拡大することや、新規の格安社を立ち上げることが盛り込まれているが、格安社のノウハウがないことから、海外社との合弁や既存社への資本参加を検討する。

国内線は、12線からの撤退を決めている。中でも、富士山静岡、信州まつもとでは空港そのものからの撤退であり、地域に対する影響は大きい。国内でも関空と中部空港を拠点とした格安社を新設し、地域航空の維持のために、伊丹と県営名古屋空港（小牧）で地元との合弁で第三セクター会社を立ち上げる。

計画が順調に進めばコストは下がり、採算性は向上するため、現行では不採算の路線でも採算に乗る可能性が高まるが、「思いつき」レベルのアイディアも多く、Ｖ字回復は見込めないだろう。また、再建には、とかく批判の多い「硬直的な役所気質」「親方日の丸意識」など、社員の意識と企業体質の改革がカギであり、新たな経営陣に課せられた課題は多い。

ところで、ＪＡＬが会社更生法を適用申請をした後、前原国交相が「日本にフラッグキャリアが2社必要なのか」との疑問を投げ掛け、新たな論議を呼んでいる。航空自由化が進んだ結果、日本の10倍の市場がある米国でさえ大手は淘汰されてほぼ３グループになり、国別のフラッグキャリアが競い合っていた欧州でも３グループになった。日本の国力を考慮すると、同様のサービス、規模、特性のエアラインがそのまま存続できるのか、との指摘だ。

１９８５年にＡＮＡの国際線進出が認められ、日本は2社体制に移行したものの、キャリアの特性はさほど違わず、ほとんど同じ市場で、互いのシェアを食い合っている。

イギリスで競い合っているBAとヴァージンアトランティック航空は、経営哲学もサービスも全く異なる。BAには伝統的な英国の価値観を重視したビジネスマンが乗り、若者のカジュアル文化を好む個人客はヴァージンを利用する。客層が全く異なるばかりか、BAでは乗客の8割が外国人だ。

ところが、日本では、今日JALを利用した乗客が、明日はANAに乗ることが当たり前になっている。しかも展開しているネットワークはほとんどが重複しているうえに、乗客の8割は日本人で、自国人だけを取り合っている状況だ。つまり2社になっても市場はあまり広がっていない。

同様の問題点に気がついた韓国では、すでに大まかなテリトリー制を導入している。新規に認可する路線を棲み分け、自国キャリア同士の競合を避けているのだ。

国の力でこのような調整をすることの是非には異論もあるだろうが、JALもANAも内輪のたたき合いから脱し、外に向けての競争力を発揮するために、独自色を強める必要性がある。JALにしてみれば、自社の切り開いてきた道をANAが後追いしていると言いたいかもしれないが、JALのサービス哲学は日本文化を基本にしたものであり、同じ日本企業から競合社が出現すれば、独自性が薄まるのは自明の理である。

再び脚光を浴びる地方路線

最後に地方の現状と将来について触れておこう。

現在、日本の地方空港は厳しい状況に置かれているが、将来的には再び、脚光を浴びることになるものと予測する。

前述したように、今、国内線で活気があるのは、羽田を発着する幹線や高需要の都市との路線だが、これらの路線は新幹線と競合するところが多い。ちなみに、ＡＮＡを例にとれば、旅客数の多いベスト15路線の中で、新幹線と競合している路線は11に及ぶ。かかる時間と価格でわずかながら優位を保っているが、燃油の高騰などの影響で以前ほどの差はなくなっている。

近い将来、新幹線網がさらに延びるのは、航空業界にとってはさらなる脅威だ。２０１１年には九州新幹線が全通し、八戸から東京を経由して鹿児島までが１本のレールでつながる（実際には東北と東海のレールは接続していないが）。そうなると、関西圏と南九州を結ぶ航空路線に影響が出ることは必至だ。

さらに、建設中の北陸新幹線が完成すれば、東京と富山、小松など北陸とを結ぶ路線は全減するかもしれないし、東北新幹線が延長されれば、東京—青森間の路線も苦しくなる。

国内航空で効率のよい路線の数はこれから減っていくだろう。となると、国内航空が将来力を入れるべきは、新幹線と競合しない地方間路線ということになる。

すでにＪＡＬとＦＤＡ（フジドリームエアラインズ）で就航している76席のエンブラエル機に加え、２０１４年からは国産の三菱ＭＲＪ（70～１００席で、ＡＮＡが発注済み）も就航し、日本の地方路線は賑やかなものになるだろう。

航空産業は、市場に合った航空機を自国で開発し、自国民の支持を受けたエアラインが繁栄することで、活性化するのである。

おわりに

世界のＬＣＣの実情を調べる中で、痛感したのが日本市場の特殊さだ。最も違和感を感じるのは、航空自由化以降に起きた事態への対応の違いである。

米国では78年の規制撤廃以降の10年間に、約２３０社が新規に参入し、ほぼ同数のキャリアが市場から去っていった。だが、これは新規社がすべてつぶれたというわけではない。大手も安泰ではなく、メジャーと呼ばれていた10社とフラッグキャリア2社の中で、今日まで生き残っているのは、デルタ、アメリカン、ユナイテッド、コンチネンタルの4社にすぎない。

欧州では、国ごとにフラッグキャリアが存在していたが、スイス、ベルギーなどのフラッグキャリアは消滅し、ＥＵではＢＡ、ルフトハンザ・ドイツ、エールフランスの傘下に、他の国のキャリアが入るかたちに収斂《しゅうれん》しつつある。

これに対し、日本は新規参入が極めて少なく、また2000年の航空自由化以降に消滅したのはJAS（日本エアシステム）だけだ。とはいえ、それ以外のキャリアの経営が万全だったわけではなく、エア・ドゥは02年に破綻して民事再生法で再建し、スカイネットアジアは04年に経営危機に陥り、産業再生機構によって再建された。問題なのはその後の成り行きだ。

エア・ドゥとスカイネットアジアは、その消滅を危惧する国によって、受け皿となるスポンサーが用意され、いずれもANAの傘下に収まった。その結果、両社とも創設時の「大手への反逆精神」は摘み取られ、今ではANAの従順な協力会社に納まっている。

日本では、企業が消滅することを恐れるあまり、新陳代謝が起こらない。そして、再生した企業は以前の経営哲学とは、似ても似つかない姿になってしまう。

航空自由化の目的は、「官による統制」ではなく、「市場原理」のよさを生かし、「利用者の意思の実現と利便性の追求」を図ることにある。米国はその基本を守り、あのパンナムが倒産する事態になっても、国が関与をすることはなかった。一方、欧州では多くの国が、国の意思でフラッグキャリアを守ったが、重要なのは、フラッグキャリアの再建が利用者の利益を損なわないように配慮していることだ。そのため、新規社の参入障壁を取り除いて競争を促進させ、過度な助成にならないようEU各国が互いに監視し合っている。

日本は新規社への参入障壁を取り払わないまま、巨額の資金を破綻したJALにつぎ込んだ。高邁な自由化の方針が、一企業の救済のために歪められ、再び規制時代に後戻りしてしまったのである。フラッグキャリアをテコ入れするのであれば、同時に業界全体の自由化を進め、競争環境の公平さも確保すべきではないか。

一体、この国の航空行政はどこを向いて仕事をしているのか、大きな疑問を感じざるを得ない。

参考文献

アンソニー・サンプソン著、大谷内一夫訳『エアライン――世界を変えた航空業界』早川書房、１９８６年
ケビン・フライバーグ、ジャッキー・フライバーグ著、小幡照雄訳『破天荒！――サウスウエスト航空―驚愕の経営』日経ＢＰ社、１９９７年
Ｐ・Ｓ・デンプシー、Ａ・Ｒ・ゲーツ著、吉田邦郎／福井直祥／井手口哲生訳『規制緩和の神話――米国航空輸送産業の経験』日本評論社、１９９６年
メアリー・スキアヴォ著、杉谷浩子訳『危ない飛行機が今日も飛んでいる』（上・下）、草思社、１９９９年
川上洋二「アメリカ航空産業の現状と今後の展望～過渡期にある国内市場とアジアでの展開～」運輸政策研究機構 国際問題研究所、２００７年
川上洋二「アメリカ航空産業の現状と今後の展望～原油高騰の影響にあえぐ米国市場とボーダレ

ス化する航空企業～」運輸政策研究機構 国際問題研究所、２００８年
塩見英治『米国航空政策の研究――規制政策と規制緩和の展開』文眞堂、２００６年
杉浦一機『世界のビッグ・エアライン――21世紀に勝ち残るのはどこか』中央書院、１９９９年
杉浦一機『航空ビッグバン――２００７年までに日本の空はどうなるか』中央書院、１９９７年
杉浦一機『航空運賃に異常あり！――激化する運賃・サービス戦線』中央書院、２００８年
長谷川通『エアライン・エコノミクス――航空運賃の規制・競争・戦略』中央書院、１９９７年
ＡＮＡ総合研究所編著『航空産業入門――オープンスカイ政策からマイレージの仕組みまで』東洋経済新報社、２００８年

中公新書ラクレ　343

エアライン敗戦《はいせん》
格安航空来襲《かくやすこうくうらいしゅう》とJAL破綻《はたん》

2010年3月10日初版
2010年4月10日再版

杉《すぎ》浦《うら》一《かず》機《き》著

発行者　浅 海 保
発行所　中央公論新社
〒104-8320
東京都中央区京橋2-8-7
電話　販売 03-3563-1431
編集 03-3563-3669
URL http://www.chuko.co.jp/

本文印刷　三晃印刷
カバー印刷　大熊整美堂
製　　本　小泉製本

定価はカバーに表示してあります。
落丁本・乱丁本はお手数ですが小社販売部宛にお送りください。送料小社負担にてお取り替えいたします。

Published by CHUOKORON-SHINSHA, INC.
Printed in Japan

ISBN978-4-12-150343-5　C1233

La clef

●中公新書ラクレ 既刊より

L200 脳の中の人生

L233 すべては脳からはじまる

L264 それでも脳はたくらむ

L300 脳はもっとあそんでくれる

L335 あるとき脳は羽ばたく

茂木健一郎

気鋭の脳科学者が、
人生の愛《め》で方を特別授業

La clef

● 中公新書ラクレ 既刊より

L202

世界の日本人ジョーク集

早坂 隆

76万部突破!!

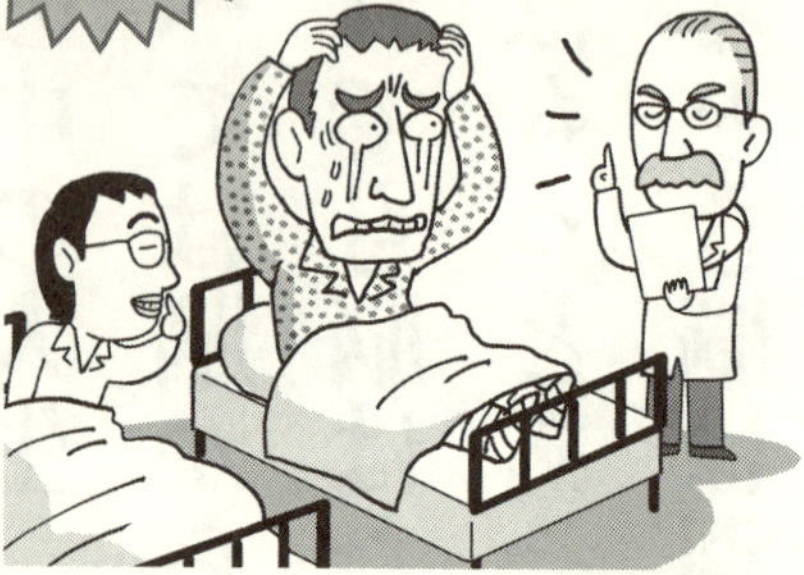

イラスト／つだゆみ

病院にて

　ある病院。医者が患者にこう言った。

「いいニュースと悪いニュースがあります。どちらのニュースから聞きますか?」

　患者は答えた。

「それでは、悪いニュースからお願いします」

　医者は言った。

「あなたの両足を切断しなければなりません」

　それを聞いた患者は、絶望にうちひしがれながら嘆いた。

「ああ、なんということだ。しかし、こんな状況の私に、どんないいニュースがあるというのです?」

　医者はこう答えた。

「隣のベッドの日本人が、あなたの靴を買いたいそうです」

L309

「続・世界の日本人ジョーク集」も発売中

中公新書ラクレ刊行のことば

世界と日本は大きな地殻変動の中で21世紀を迎えました。時代や社会はどう移り変わるのか。人はどう思索し、行動するのか。答えが容易に見つからない問いは増えるばかりです。1962年、中公新書創刊にあたって、わたしたちは「事実のみの持つ無条件の説得力を発揮させること」を自らに課しました。今わたしたちは、中公新書の新しいシリーズ「中公新書ラクレ」において、この原点を再確認するとともに、時代が直面している課題に正面から答えます。「中公新書ラクレ」は小社が19世紀、20世紀という二つの世紀をまたいで培ってきた本づくりの伝統を基盤に、多様なジャーナリズムの手法と精神を触媒にして、より逞しい知を導く「鍵《ラ・クレ》」となるべく努力します。

2001年3月